GABRIELLE D'ESTRÉES

DU MÊME AUTEUR

Tocsin pour un massacre ou la saison de la Saint-Barthélemy, Paris, Le Centurion, 1968.

Protestants du Midi (1559-1598), Toulouse, Privat, 1980 ; rééd. 1991.

Henry IV, Paris, Éd. du Seuil, 1984.

L'Homme protestant, Paris, Hachette, 1980 ; rééd. Bruxelles, Complexe, 1986.

L'Édit de Nantes et sa révocation, histoire d'une intolérance, Paris, Éd. du Seuil, 1985 ; rééd. coll. « Points Histoire », 1986.

1572. La Saint-Barthélemy, Bruxelles, Complexe, 1987.

Les Protestants au XVIe siècle, Paris, Fayard, 1988 ; rééd. 1997.

Le Comte et le Manant (roman), Paris, Payot, 1990.

Royaume, Renaissance et Réforme, Paris, Éd. du Seuil, coll. « Points Histoire », 1991 ; rééd. 1997.

Guerres civiles et compromis, Paris, Éd. du Seuil, coll. « Points Histoire », 1991.

Ravaillac, le fou de Dieu (roman), Paris, Payot, 1993.

Marguerite de Valois, Paris, Fayard, 1994.

Meurtres à la cour de François Ier (roman), Paris, Calmann-Lévy, 1995.

L'Édit de Nantes, texte présenté et annoté, avant-propos de Jean-Pierre Babelon, membre de l'Institut, Biarritz, Atlantica, 1997.

L'Édit de Nantes, Paris, Fayard, 1998.

Henri IV, le roi de la paix (1553-1610), Paris, Tallandier, 2000.

Meurtres à cour de Henri IV (roman), Paris, Calmann-Lévy, 2001.

Les Derniers Valois, Paris, Fayard, 2001.

Catherine de Médicis, Paris, Payot, 2002.

L'Affaire Calas, Paris, Fayard, 2004.

Sous la direction de :

Une histoire de la Garonne, Paris, Ramsay, 1982.

Montauban solaire et mesurée, Paris, Autrement, 1993.

En collaboration :

La Saint-Barthélemy ou les résonances d'un massacre, Neuchâtel, Delachaux et Niestlé, 1976.

Histoire des protestants en France, Toulouse, Privat, 1977 ; rééd. 2001.

Histoire d'Occitanie, Paris, Hachette, 1979.

Histoire vécue du peuple chrétien, Toulouse, Privat, 1979.

Histoire de Montauban, Toulouse, Privat, 1985.

JANINE GARRISSON

GABRIELLE D'ESTRÉES

Aux marches du palais

TALLANDIER

LES DERNIÈRES GUERRE DE RELIGION, 1589 - 1598

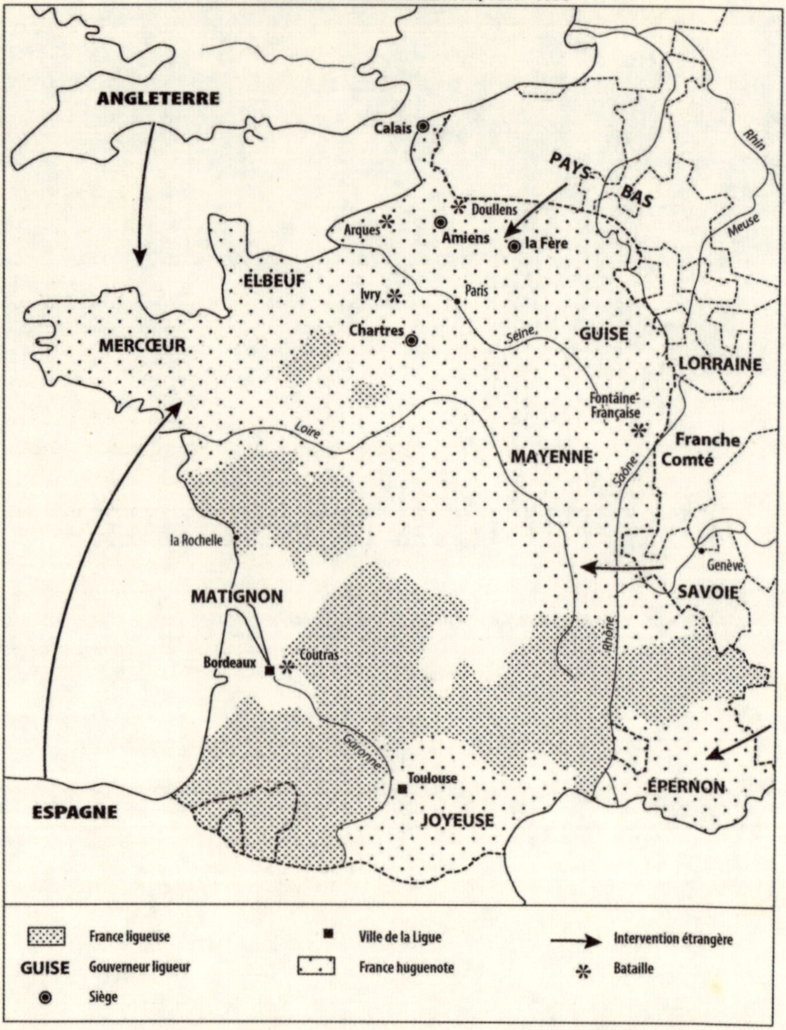

Éditions Tallandier, 4, rue du Texel – 75014 Paris
Éditions Perrin, 76, rue Bonaparte – 75006 Paris

SOMMAIRE

INTRODUCTION

Cerner la personnalité d'un acteur de l'histoire qui n'est pas sur le devant de la scène, une personnalité seconde mais non secondaire, relève d'une démarche hasardeuse ; les archives qui la concernent sont bien plus discrètes que celles foisonnant autour d'un roi, d'une reine, d'un prince ; les récits de seconde main, en revanche, abondent avec leur cortège de rumeurs, d'historiettes, de légendes, car chroniqueurs, historiens et plumitifs s'estiment plus libres d'exercer leur imagination sur cette figure un peu en retrait.

Il en est ainsi pour Gabrielle d'Estrées. Cette femme n'a jamais trouvé le biographe qui lui donnerait sa juste place dans la ronde du temps ; dénigrée à son époque, parfois mais rarement encensée, elle s'est trouvée mise à l'écart par les historiens professionnels qui l'ont laissée entre les mains d'auteurs dénués de soucis d'exactitude, voire de véracité. Gabrielle, maîtresse d'Henri IV, presque reine, n'a que fort peu intéressé… Contrairement à Mme de Maintenon, à Mme de Pompadour, royales favorites qui, de nos jours encore, font les devantures des libraires, Mme d'Estrées est étrangement laissée dans l'ombre. Est-ce un hasard ?

On peut arguer de la courte durée de la liaison royale – même pas dix ans ! – ou du faible rôle politique, au moins en apparence, dévolue à la favorite – en ces domaines également rien de comparable avec la Maintenon ou la Pompadour. La révocation de l'édit de Nantes et l'Encyclopédie pèsent d'un poids incomparable, et jamais Gabrielle ne peut se comparer avec ces deux femmes exceptionnelles. Est-ce là pourquoi l'histoire et les historiens laissent en lisière Gabrielle d'Estrées, presque un passage à vide dans la vie d'Henri IV avant Marie de Médicis, l'épouse, et Henriette d'Entragues, la sorcière trop aimée ?

Peut-être le temps est-il venu de tirer de l'ombre cette femme et de la rendre à sa véritable dimension.

Chapitre premier

GENÈSES

La famille de Gabrielle d'Estrées, quel étrange lignage[1] ! Rarement on vit tel mélange complexe entre la roture décrassée et la très haute noblesse. Que l'on en juge plutôt.

Antoine d'Estrées, le père, est fils de Jean Ier, dont les racines plongent dans le nord de la France, au village d'Estrée-Blanche ou d'Estrée-Wamin ; ce Jean rencontra la chance en épousant Catherine de Bourbon-Bonneval, fille légitimée de Jacques, bâtard de Bourbon-Vendôme ; de ce fait, Antoine est, de la main gauche, arrière-petit-cousin du roi Henri IV[2]. Il fait une remarquable carrière dans l'armée et à la Cour, que lui valent ses ascendances prestigieuses. En particulier, il succède à son père, Jean, comme grand maître de l'artillerie. Ascension rapide pour cet homme dont l'histoire a oublié la date de naissance, dont la rumeur laisse à penser qu'il n'est pas d'un grand courage physique non plus qu'un grand stratège. En 1563, on le trouve au siège du Havre ; en 1569, il est fait par Charles IX chevalier de l'ordre de Saint-Michel et capitaine d'une compagnie d'ordonnance. Ensuite, il s'attache à François d'Alençon, troisième fils vivant d'Henri II et de Catherine de Médicis ; ce prince ne lui lésine guère les faveurs. Gentilhomme de sa chambre, puis gouverneur d'Évreux, du Perche, de Dreux et autres places de l'apanage du duc d'Alençon, Antoine n'en est pas moins comblé par le roi Henri III. Le dernier Valois, sans doute pour le détacher de son frère, le fait gouverneur de Pierrefonds en 1575, puis gouverneur du Boulonnais et de la ville de Boulogne-sur-Mer. En 1578, le roi le distingue encore en le créant chevalier du Saint-Esprit, ordre qu'il vient de fonder pour s'assurer le dévouement de la noblesse. L'allégeance d'Antoine à Henri III porte ses fruits, il obtient que la seigneurie de famille à Cœuvres soit érigée en marquisat, il devient également lieutenant général en Picardie, ceci de 1586 à 1589.

Lorsque, en août 1589, Henri III est assassiné, il reconnaît immédiatement Henri IV comme son souverain légitime. Bref, la vertu majeure d'Antoine d'Estrées est bien la loyauté dynastique. Il en est récompensé par des honneurs multiples dispensés par le roi Valois puis le roi Bourbon.

Parcours normal, voire brillant pour un homme qui n'a pas commis l'erreur de s'engager trop avant ni dans le protestantisme ni dans le catholicisme militant de la Ligue, carrière exemplaire d'un gentilhomme dont les armes sont le métier et le service du roi le programme de vie, pourvu que le monarque lui accorde sa faveur. Plus original dans ce contexte paraît le mariage d'Antoine avec Françoise Babou de La Bourdaisière en 1559.

Françoise est issue d'un lignage moins prestigieux. Les Babou, dont les origines se situent en Touraine, appartiennent au milieu du tabellionage jusqu'à ce que Philibert Babou épouse Marie Gaudin, dame de La Bourdaisière, fille du grand argentier d'Anne de Bretagne[3]. Dans la famille Babou, il faut demander cette arrière-grand-mère de Gabrielle qui, comme toutes les femmes de la lignée, reçoit la beauté en partage et en fait un usage intensif. Si l'on en croit les mauvaises langues, elle aurait connu bibliquement le pape Clément VII en 1533, lorsque celui-ci se trouvait à Marseille pour célébrer les noces de Catherine de Médicis avec le futur Henri II. Sans doute ne prête-t-on qu'aux riches, car la dame aurait suscité encore les ardeurs de Charles Quint lors de son passage en France et, surtout, celles de François Ier. Ce roi, heureux des services rendus par Marie Gaudin, aurait fait reconstruire en pierres blanches le château de La Bourdaisière ; bon garçon, le premier Valois d'Angoulême favorise la carrière du mari, Philibert, qui, maire de Tours, se voit promu seigneur de La Bourdaisière, surintendant des finances, maître d'hôtel du roi.

Leur fils Jean, grand-père maternel de Gabrielle, continue de bénéficier de privilèges ; échanson du roi François, capitaine de la ville et du château d'Amboise, gouverneur de Gien, il entre à la Cour en exerçant les fonctions de gouverneur des deux fils du souverain, d'abord François, puis Henri, futur Henri II. Il épouse la fille de Florimond Robertet, secrétaire d'État sous Louis XII et François Ier, se haussant par cette alliance jusqu'au cercle de la grande robe des officiers royaux ; dès lors, il se trouve dans les rouages de l'appareil royal, au cœur de la machine monarchique en voie de perfectionnement sous le premier Valois d'Angoulême.

Le couple Babou-Robertet voit son union bénie par la naissance de onze enfants, quatre garçons et sept filles. Ces demoiselles sont aussi belles les unes que les autres, aussi légères que leur grand-mère Marie Gaudin et surnommées les « sept péchés capitaux ».

Se détache de la petite troupe féminine Françoise ; elle est élevée à la Cour comme fille d'honneur de la reine Marie Stuart. En 1559, elle épouse Antoine d'Estrées et ils conçoivent sept enfants, deux garçons et cinq filles, dont Gabrielle[4]. Ni le mariage ni sa nombreuse progéniture n'empêchent Françoise de provoquer le scandale, c'est chose qui arrive aux dames trop émouvantes pour les hommes qui se déchirent pour elles. Ronsard aime, sans doute platoniquement, cette Françoise ; il la surnomme Astrée et lui dédie en 1570 le recueil des *Sonnets et madrigals pour Astrée*. Elle prend d'autres amants plus physiques. Randan, sire de Saint-Fleuret, se ruine pour elle. Louis Bérenger du Guast se fait assassiner en 1575 presque sous ses yeux par le baron de Viteaux, ce dont Mme de La Bourdaisière conçoit une grande douleur qui ne l'empêche pas de continuer à défrayer la chronique pourtant bien juteuse en scandales de la seconde moitié du XVIe siècle. Un nouvel amant surgit qui se nomme Yves d'Allègre et qui, pour lui complaire, met fin aux jours de l'assassin de Du Guast. Françoise reconnaissante et amoureuse laisse ses nombreux enfants pour accompagner Allègre à Issoire dont Henri III l'avait nommé gouverneur. La suite de l'histoire est tragique, la dame joue les Astrées dans cette ville étriquée de province, elle affiche vêtements de luxe et bijoux, ce qui la rend odieuse aux habitants au point qu'ils se révoltent contre la domination de ce couple impudique et l'exécutent en juin 1592.

Cette famille n'en finit pas d'être scandaleuse, même aux yeux de l'opinion de l'époque, pourtant blasée sur le désordre des mœurs déréglées par les troubles et les vendettas. La sœur de Françoise d'Estrées, Isabelle, épouse de François d'Escoubleau, marquis d'Alluye et de Sourdis, est la maîtresse du chancelier de Cheverny dont elle a un fils, Henri ; son autre fils, François, l'aîné, serait né des œuvres de l'évêque de Maillezais, son oncle ; il est vrai que le marquis de Sourdis traîne la réputation d'être homosexuel, ce qui peut expliquer la conduite de son épouse.

Cette famille Babou de La Bourdaisière, tout comme la famille d'Estrées, n'est pas sans ambiguïté. En effet, la grande robe au service de l'État royal se conjugue assez harmonieusement avec l'allégeance de la noblesse d'épée au souverain, d'où les faveurs dont les Babou et les d'Estrées ont constamment joui de la part d'Henri III puis d'Henri IV, avant même que Gabrielle devienne sa favorite ; il est vrai que la protection de Philippe Hurault, comte de Cheverny, chancelier d'Henri III, révoqué en 1588 pour être trop proche de la reine mère Catherine de Médicis et des ligueurs, réintégré par le Béarnais à peine est-il roi et qui réorganise l'État à ses côtés, explique cette générosité monarchique.

*

* *

Que pouvons-nous connaître de l'enfance de Gabrielle ? Peu de chose, en vérité. Et qui plus est des renseignements tout à fait contradictoires. La date de sa naissance est incertaine, 1570 ou 1573, le lieu de sa naissance l'est tout autant. A-t-elle vu le jour au château de La Bourdaisière près de Montlouis, non loin de Tours, ou bien au château de Cœuvres en Picardie, à quelques lieues de Villers-Cotterêts et de sa somptueuse forêt ? Il est vraisemblable que cette dernière résidence abrita les couches de Françoise d'Estrées, belle demeure en pierre blanche et toits d'ardoise. Gabrielle appartient à une famille nombreuse, elle est le sixième enfant du couple, elle aura encore une sœur, Julienne-Hippolyte, future marquise de Villars, et une demi-sœur, Françoise, née des amours de sa mère et du marquis d'Allègre dans l'austère cité d'Issoire. Elle est proche de son aînée Diane, future maréchale de Balagny, et connaît, semble-t-il, une enfance agreste dans le parc et les forêts qui cernent le château de Cœuvres, chevauchant, chassant avec son père Antoine, tirant à l'arquebuse. Nulle preuve ne vient appuyer ces allégations énoncées par un de ses biographes, mais on sait que la famille d'Estrées réside souvent en ce domaine picard, le préférant, forcée par les circonstances politiques, à son hôtel parisien situé rue des Bons-Enfants.

Gabrielle est âgée de dix ans quand sa mère l'abandonne pour suivre le marquis d'Allègre en Auvergne ; ressent-elle quelque amertume de ce départ ? Elle n'en dira jamais rien, mais son obstination à devenir reine de France pourrait constituer une revanche sur cette souffrance enfantine. Sa tante, Isabelle de Sourdis, vient pour remplacer Françoise Babou et donner à Diane et à Gabrielle quelques notions du savoir-faire de cour ; les deux sœurs auraient été présentées au roi Henri III et à la reine Louise avant la journée des Barricades, avant que Paris chasse, en mai 1588, ce souverain jugé trop favorable aux huguenots et qu'il se réfugie avec son Conseil à Chartres.

Car la jeune fille ne peut ignorer que la guerre civile déchire le pays ; les catholiques extrémistes de la Ligue, dont les chefs sont les Guises, tiennent une partie du royaume dont Paris ; les protestants, eux, sont nombreux dans le sud de la France et le Centre-Ouest, au point d'avoir fondé une république aristocratique et communale dont le Protecteur est Henri de Navarre, futur Henri IV[5]. Entre ces deux factions, le roi légitime tente de naviguer piteusement, allant jusqu'à faire assassiner les Guises pour desserrer l'étreinte dont ils l'étouffent ; lui, le monarque sans enfants, le dernier des Valois, finit par accepter comme son successeur cet Henri de Bourbon, roi de Navarre, ce huguenot. Tous deux se sont retrouvés en mai 1589 à Tours, les deux armées se sont fondues afin de commencer le siège de Paris, la ville rebelle. Mais, le 1er août 1589, Henri III est assassiné par le moine Jacques Clément ; le nouveau souverain, selon les lois fondamentales du royaume, désigné de surcroît par le Valois, est donc Henri IV. Situation difficile, la Ligue refuse ce prince. Dans l'armée, nombre de nobles détenant des postes de commandement se rallient au parti catholique. Henri IV se retrouve avec des troupes amoindries face à une France qui ne l'accepte pas, du moins pour une large part de son territoire, car la Bretagne, la Champagne, la Picardie, la Bourgogne et autres provinces importantes du domaine royal résistent, derrière leurs gouverneurs, au souverain hérétique. Il peut compter sur les huguenots décidés du Sud et de l'Ouest, mais il lui faudra se battre durement pour conquérir son royaume.

Gabrielle ne saurait ignorer ces troubles, ces violences qui viennent battre jusqu'aux marges du domaine de Cœuvres. Son père Antoine n'a pas commis l'erreur de ne pas faire allégeance au souverain Bourbon ; il tient pour lui la ville de La Fère, mais, par négligence ou par malchance, la place forte est prise par les ligueurs en octobre 1589. On ne sait ce qu'elle en pense, elle, de quel côté vont ses convictions religieuses. Certes, catholique, elle l'est, mais sur la Ligue quelle est son opinion si même elle en a[6] ? On peut non sans quelque hésitation avancer que sa conscience politique, tout comme celle de son père, considère avec faveur le parti royaliste, celui d'Henri IV ; lorsque apparaît dans son horizon amoureux Roger de Saint-Lary, sire de Bellegarde, elle doit parfaitement savoir que ce Grand Écuyer d'Henri III a reconnu comme nouveau roi le Bourbon dès le dernier soupir du Valois assassiné. On dit même que c'est lui qui cria alors : « Le roi est mort, vive le roi » et, pour Bellegarde, ce roi était le Béarnais.

Dans cette époque improbable, dans un lignage et une famille non moins improbables, il y a fort à penser que, hormis le souvenir de sa mère, les inquiétudes pour son père qui combat avec Henri IV, le bruit des armes autour de Cœuvres, la jeune fille de dix-sept ans se préoccupe surtout d'elle-même et de sa beauté plus qu'éclatante. Les témoignages prouvent à l'envi qu'elle possède des avantages physiques hors du commun : des yeux bleus, une chevelure blond vénitien, de belles dents, une carnation éblouissante, une ligne souple due sans doute aux sports qu'elle pratique depuis l'enfance[7]. Les amoureux ne manquent guère autour de Gabrielle, même si pour les jeunes gentilshommes l'heure est plus à la guerre qu'à l'amour ; or en cette année 1590, alors qu'Henri de Bourbon est roi de France selon les lois fondamentales du royaume depuis presque un an et qu'il lutte les armes à la main pour conquérir un royaume qui refuse d'accepter un souverain huguenot, les opérations se traînent avec lenteur et inefficacité au nord et à l'ouest de Paris.

Plutôt guérillas que batailles rangées, mais le Béarnais reprend Corbie en décembre 1590, puis, l'année suivante, s'empare de Chartres, de Louviers, de Noyon.

*

* *

C'est au cours de ces pérégrinations qu'Henri fait la découverte de Gabrielle ; pour le distraire, Roger de Bellegarde le conduit vers celle qui est sans doute sa maîtresse. Si le roi, en ces époques indécises de la conquête de son royaume, ne manque certes pas de relations féminines, il manque d'une femme à aimer, à désirer, à vénérer. Diane de Gramont, la belle Corisande, joua ce rôle au temps qu'il était roi de Navarre. Leur longue liaison, presque dix ans, n'a pas résisté à l'usure du temps, aux dégradations cruelles qu'a subies la beauté de la dame, aux disputes aigres puisqu'elle favorisait les amours du comte de Soissons avec Catherine de Bourbon, sœur d'Henri, liens que le souverain repoussait de toutes ses forces puisqu'ils risquaient de lui faire perdre la couronne. Charles de Bourbon, comte de Soissons, issu de la branche aînée des Bourbons, étant le fils de Louis de Condé, oncle d'Henri, il pourrait, en devenant l'époux de Catherine, faire un roi tout à fait légitime pour les Français et catholique de surcroît[8].

Il manque à Henri un élan qui le propulse hors de ses soucis, ceux d'un roi sans royaume, sans couronne, sans argent, sans troupes. Cette passion est sur le point d'éclore ; les conditions, du moins du côté d'Henri, en sont réunies. Non que le roi soit demeuré chaste et solitaire : quelques relations féminines, on l'a dit, ont égayé ses jours et ses nuits ; on a parlé à l'armée d'une religieuse, une bénédictine de l'abbaye de Montmartre qui fut récompensée de ses bons offices en étant promue abbesse de l'abbaye de Pont-aux-Dames. On a parlé encore d'Antoinette de Pons, comtesse de La Rocheguyon, qui, dit la rumeur, résiste à ses avances. Celle-ci, qui est aussi marquise de Guercheville, est visitée par le roi en son château de Normandie au cours de l'hiver 1590 ; elle le reçoit comme un souverain mais, voulant conserver sa vertu, quitte les lieux à la nuit tombée, laissant le roi dépité. En mai 1590, Henri, qui n'a pas abandonné tout espoir de la conquérir, lui écrit une missive dans un style à la fois de soudard et de damoiseau, reprenant les thèmes déjà utilisés pour Corisande et dont il usera et abusera avec ses autres favorites :

> « Après avoir tant tourné autour du pot que vous voudrez, si faut-il venir à ce point, qu'Antoinette confesse avoir de l'amour pour Henry. Ma maîtresse, mon corps commence à avoir de la santé, mais

mon âme ne peut sortir d'affliction que vous n'ayez franchi ce saut. Puisqu'avez assurance de mes paroles, quelle difficulté combat votre résolution ? Qui l'empêche de me rendre heureux ? Ma fidélité mérite que vous ôtiez tous obstacles. Faites-le donc, mon cœur ; et faisons comme par gageure à qui rendra plus de témoignage d'un vrai et fidèle amour. Si j'use de termes trop familiers avec vous, et qu'ils vous offensent, mandez-le-moi et me le pardonnez en même temps. Désirant établir avec vous une familiarité éternelle, je me sers des termes que j'estime les plus propres. »[9]

Le tempo à la fois sentimental et érotique laisse à voir la mélancolie intérieure du roi de France en cette année 1590 ; le roi, il a trente-sept ans, est bel et bien assoiffé de tendresse féminine.

Roger de Saint-Lary, déjà évoqué, appartient en cet automne 1590 à l'état-major d'Henri ; le Grand Écuyer, personnage considérable de la Cour royale, qui avait été l'un des favoris d'Henri III, est un beau gentilhomme de dix ans plus jeune que le roi, élégant, fastueux mais le teint brouillé virant sur le jaune d'où son surnom de Feuille morte*. Alors que les opérations militaires se traînent autour de Paris, ce qui conduit fréquemment Henri et ses officiers près de Compiègne, Roger de Saint-Lary retrouve à Cœuvres Gabrielle et sa sœur, qu'il avait connues dans les fêtes et les bals qu'organisait en son temps le dernier roi Valois. Ce fait cependant n'est pas attesté par tous les biographes ; plus certainement Bellegarde fait connaissance des sœurs d'Estrées alors que se poursuit le siège de Compiègne ; il tombe amoureux de la jeune fille déjà courtisée. Qu'importe, Roger, ce Gascon, cousin du duc d'Épernon, très épris, pense sérieusement à épouser Gabrielle.

Tout à sa passion, Bellegarde ne peut s'empêcher, au long de ses soirées de camp au cours desquelles, si l'on ne joue pas gros jeu, on parle de femmes, d'évoquer les charmes et la beauté de Gabrielle. À la fin du mois de novembre 1590, le roi, dont la curiosité s'est éveillée, suit Bellegarde au château de Cœuvres ; c'est le coup de foudre pour lui, coup de foudre provoqué par la solitude intérieure d'un monarque privé, comme il l'écrit, « d'un vrai et fidèle amour ». La réciproque ne

---

* D'aucuns assurent que ce surnom est dû à la couleur qu'il favorise en son habillement.

se produit pas, Gabrielle juge le roi vieux, usé avant l'âge, maigre, peu élégant ; au point, affirme la chronique, de se montrer désagréable, en tous les cas distante.

Pourtant, la belle ne tarde pas à changer d'attitude ; dans la famille d'Estrées, on mise sur la bonne fortune du roi Bourbon. Il ne convient pas de négliger le rôle de Cheverny revenu dans les arcanes du pouvoir comme chancelier en août 1590. Cet homme de soixante-cinq ans, partagé entre sa fidélité à la Ligue et la conviction qu'Henri IV détient une réelle légitimité monarchique, cherche également, à n'en point douter, à tirer profit personnel de son engagement d'un côté ou de l'autre, pour les ligueurs ou les royalistes. Suit une vaste opération de charme de la part d'Henri IV qui, dans une lettre, assure avoir une urgente nécessité de Cheverny pour le rétablissement de son État, d'autant que le roi lui fait miroiter, à lui et à beaucoup d'autres, sa probable conversion à la religion catholique. Ce déploiement d'amitié tartiné de la promesse royale de rendre au chancelier « l'autorité absolue » dont il avait disposé avant qu'Henri III le renvoie dans ses domaines, autorité qu'il exercera « tant pour tous ses conseils que pour le maniement du sceau et autres affaires », produit son effet ; Cheverny devient bon royaliste, il quitte son château refuge pour rejoindre à Aubervilliers Henri, qui se tient prêt à assiéger Paris et Saint-Denis[10].

Nous sommes à l'été 1590. Gabrielle n'est pour rien dans la faveur nouvelle du chancelier, mais celui-ci s'est épris d'Isabelle Babou, épouse de François de Sourdis et tante de Gabrielle d'Estrées ; nul doute, Cheverny a évoqué la jeune fille devant le roi, la curiosité du Béarnais ne peut qu'en être éveillée, d'autant que ses dires s'ajoutent aux descriptions enthousiastes de Roger de Bellegarde.

À la fin du mois de novembre 1590, le coup de foudre donc. Gabrielle, dûment chapitrée par sa famille et les amis de sa famille, se rend aux instances du roi. Tous imaginent avec délectation les avantages qui ne tarderont pas à pleuvoir sur la parentèle d'Estrées et ses affidés. Pourtant elle se fait désirer. Henri IV terriblement jaloux de Bellegarde, le convoque pour lui ordonner de cesser de chasser sur ce qu'il considère désormais comme son domaine ; le gentilhomme, bon courtisan, s'efface, laissant le champ libre à son maître. La chronique conte avec émotion la déception de Gabrielle devant l'éloignement de celui qu'elle aimait et dont, c'est toujours la chronique qui parle, elle ne cesse pas d'être la maîtresse.

Pour l'instant, à la fin de l'année 1590 et dans les débuts de la suivante, les événements se précipitent. Il semble bien que le souverain se laisse conduire par le clan Cheverny-Sourdis-d'Estrées. Il a compris qu'il ne pourrait pas s'emparer de Paris ; il se résigne à lever le siège, mais où va-t-il porter ses armes alors qu'une grande partie du royaume appartient aux ligueurs ? On lui conseille la Normandie et le siège de Rouen. Mais les supporteurs de Gabrielle portent leurs yeux vers d'autres horizons. Chartres leur semble la ville à conquérir, symbolique, certes, mais aussi centre d'un plat pays où le chancelier de Cheverny possède de nombreux domaines et terres. L'indécision royale en ces sombres années de reconquête est telle qu'il se laisse convaincre ; l'armée prend ses quartiers devant Chartres, la tante Sourdis et Gabrielle sont conviées à participer à la cour rudimentaire qui s'établit autour du roi. Nul ne craint une trop grande résistance. Le gouverneur de Chartres, tout à fait ligueur, est un Babou de La Bourdaisière, frère de Mme de Sourdis, et chacun croit en sa fidélité familiale plus qu'en ses obligations guisardes. Point du tout, Georges Babou défend sa ville comme un lion, soutenu par les habitants qui ont une foi irréductible en Notre-Dame de Chartres au point de la voir combattre à leurs côtés. Les prévisions optimistes s'avèrent fausses, il faut deux mois de siège avant que la ville capitule, le 5 avril, et que, le 19 avril, le roi y fasse son entrée[11].

À quel moment se produit la reddition de Gabrielle ? Avant le siège, alors qu'Henri la visite à Cœuvres, ou au camp où les divertissements, les fêtes permettent d'oublier la longueur des opérations ? La victoire, nonobstant la résistance inattendue de Georges Babou, ouvre aux parents et amis de Gabrielle la corne d'abondance. Cheverny est nommé gouverneur de la place, Sourdis lieutenant. La suite ne se fait pas attendre, la grâce souveraine inonde la famille de ses bienfaits.

Lorsque le roi repart en juillet 1591 guerroyer en Picardie, c'est la pression de la parentèle de Gabrielle qui le décide à s'aventurer à nouveau en cette province. Antoine d'Estrées se trouve sans gouvernement puisqu'il s'est laissé prendre par les ligueurs la place de La Fère, mais celle de Noyon serait une belle compensation si d'aventure elle pouvait être investie. Henri conduit donc son armée vers Noyon. On a beaucoup dit que la manœuvre était douteuse, que la Normandie aurait dû être l'objet des attentions militaires du Béarnais, ce qui n'est pas si sûr car ce grignotage picard inquiète le duc de Mayenne, le chef des ligueurs. Il gêne les relations de Paris furieusement rebelle au nouveau souverain avec les Espagnols installés dans les Pays-Bas. Le Béarnais, si profondément amoureux de Gabrielle, n'en conserve pas moins la tête froide et Noyon n'est pas un si mauvais objectif.

La ville capitule le 19 août 1591 et le seigneur de Cœuvres en devient le gouverneur. Gabrielle s'installe auprès de son père. Le roi fait de fréquentes allées et venues, la liaison est devenue officielle.

Chapitre II

LE TEMPS DES AMOURS

Que pouvons-nous deviner des sentiments de Gabrielle devenue royale maîtresse ? Se laisse-t-elle combler par l'adoration que lui voue Henri, donnant en échange quelque tendresse à cet affamé, ou bien joue-t-elle un rôle, celui assigné par sa famille aux dents longues, aux ambitions aiguisées ? Dans sa tête de toute jeune femme – elle n'a pas encore vingt ans ! –, des plans d'avenir glorieux s'échafaudent-ils ? En l'absence de documents, nous en sommes réduits à des conjectures.

Le désir de devenir reine de France qui se manifeste un peu plus tard n'appartient peut-être pas encore à ses projets d'avenir. Henri, en ces années 1591, 1592, est loin d'avoir recouvré son royaume. Paris, la capitale, demeure invaincue dans sa résistance à celui qu'elle refuse de reconnaître comme le roi. Des pans entiers de la France sont aux mains de la Ligue. Il faut toujours combattre pour récupérer villes et places fortes avec des bonheurs divers. Pour Gabrielle, cela signifie une vie rien moins que paisible ; elle assiste, comme l'on sait, au siège de Chartres, logée non loin de l'auberge de la Croix-de-Fer où le roi a établi son quartier général. Sa tante Sourdis l'accompagne – il est vrai que M. de Sourdis appartient à l'état-major d'Henri.

Nombre d'auteurs narrent que, voyant le Béarnais mener le combat, inspecter les ouvrages d'investissement encerclant la ville, Gabrielle commença à apprécier le souverain ; il est vrai aussi que fêtes et divertissements sont organisés qui font oublier à Gabrielle l'ennui des années passées au château de Cœuvres[1]. On dit aussi que le roi, tout à son désir de plaire, se met en frais d'habillements, devient plus soucieux de sa personne même s'il ne peut qu'être en cuirasse une bonne partie du jour. Lorsque Chartres capitule, Gabrielle participe à l'entrée royale entre son oncle Sourdis, sa tante et le chancelier de Cheverny[2].

Après la conquête de Noyon dont son père est fait gouverneur, elle réside auprès de lui. Elle fait une courte escapade pour aller à Chartres au baptême du fils de Mme de Sourdis, que les mauvaises langues attribuent à Cheverny et non à son mari. Henri assiste dans la cathédrale à la cérémonie, les yeux probablement fixés sur Gabrielle, vêtue d'une robe de satin grège aux manches fendues sur des passements en argent, sur ses épaules un large manteau de velours mordoré.

La favorite est-elle déjà si puissante sur le cœur et les sens du Béarnais qu'elle ait pu en cette année 1591 lui faire commettre des erreurs politiques et stratégiques ? Le siège de Noyon, que les historiens reprochent à Henri IV considérant qu'il aurait dû s'occuper de Rouen, n'est pas à notre avis une bévue[3]. Le roi depuis cette place s'est déplacé plus au Nord, vers Sedan, où le vicomte de Turenne rentre en France après son mariage avec Charlotte de La Marck, héritière du duché de Bouillon, union tout à fait profitable aux intérêts du souverain puisqu'elle consolide cette frontière du Nord-Est si fragile. Au cours de ce même voyage, Henri rencontre le prince d'Anhalt venu lui apporter un renfort de quelque quinze mille mercenaires allemands. L'aigreur contre ce prétendu enlisement du roi à Noyon provient d'Henry Unton. L'ambassadeur anglais, furieux d'être engagé dans ce nouveau siège, est harcelé par son illustre souveraine Élisabeth. Celle-ci a envoyé en France des troupes et de l'argent, les unes et l'autre destinés au siège de Rouen ; or, à la tête de ces soldats se trouve son favori Essex, et la reine se ronge de cette attente prolongée. Lorsque Unton lui écrit : « Le roi a choisi cette ville à cause du grand amour qu'il porte à la fille du gouverneur qui a tout pouvoir sur lui », on peut aisément comprendre l'irritation de la dernière Tudor.

Henri se retrouve enfin devant Rouen à la fin du mois de novembre 1591. Tout autant que celui de Chartres, le siège s'éternise, jusqu'en avril 1592. Il n'en demeure pas moins un échec car la ville, défendue par Villars, n'est pas prise.

Cette année 1592 se révèle, malgré certains succès, fort décevante pour le premier Bourbon. Lui et son entourage ont pris conscience que le royaume ne se rendra pas par les armes, qu'ils ne viendront pas à bout des ligueurs non plus que des convictions catholiques de l'immense majorité des Français. Pour Gabrielle, ce n'est pas non plus une année faste. Si elle éprouve quelques sentiments pour le roi, elle doit être frustrée de le voir si peu, au hasard des camps, en Normandie, autour de Paris, à Mantes en particulier. Sa vie personnelle s'avère plutôt pénible.

*
* *

Un événement aurait pu compter, celui de son mariage avec Nicolas d'Amerval, sire de Liancourt. Que de gloses sur cette union pourtant très brève ! Les plumitifs s'empoignent pour imposer leur point de vue. Pour les uns, le roi juge plus convenable à sa dignité comme à celle de la favorite que Gabrielle soit dotée d'un époux, fût-il complaisant ; il est vrai qu'à la Cour qui se reconstitue petitement à Chartres à la fin de 1592 ou à Mantes en 1593, la situation de la maîtresse royale est mieux établie si elle est nantie d'un mari. Une autre version suggère que M. d'Estrées, las de la condition de père laxiste, a imposé à sa fille ce mariage pour qu'elle échappe aux assiduités du Béarnais. Une autre hypothèse serait que Gabrielle aurait voulu, par cette union, se rendre libre et se soustraire à la surveillance paternelle ou du moins à ses récriminations. Que penser de ces explications variées[4] ?

Le roi, en avril 1592, signe, alors qu'il se trouve au camp de Darnetal, proche de Rouen, une ordonnance de payement en faveur de Gabrielle d'Estrées ; il lui assigne sur les finances de Navarre la somme rondelette de 50 000 écus, soit 150 000 livres. Les raisons de cette générosité sont explicitées dans l'ordonnance :

> « En considération des services que Sa Majesté a reçus et reçoit chaque jour du sieur d'Estrées et des siens et pour le récompenser aucunement des pertes par lui souffertes à l'occasion de ceux de la Ligue, pour le service du défunt roi et celui de Sadite Majesté, et lui donner moyen de colloquer la dite demoiselle sa fille en tel lieu qu'il désire, et principalement en faveur du mariage qu'il entend faire d'elle avec le sieur de Liancourt. »

Gabrielle est donc fiancée dès le mois d'avril 1592 avec cet homme que le roi et son père lui ont choisi et qui ne correspond en rien à son idéal masculin. Il est probable que le drame d'Issoire, en juin, provoque l'accélération du processus nuptial, transformant Gabrielle en Madame de Liancourt. Le scandale de l'assassinat d'Yves d'Allègre et de Françoise d'Estrées est, en effet, gigantesque, et ce mariage pourrait contribuer à l'étouffer.

Le mari entraîne sa jeune épouse dans son château près de Noyon où elle végète durant trois mois avant de le quitter avec armes et bagages à l'automne 1592. Elle rejoint alors le roi ; la liaison devient totalement officielle. Les lettres conservées qu'Henri écrit à sa favorite commencent au début de l'année suivante. Elles sont, et ce jusqu'à la fin en 1599, très amoureuses, très enflammées, fréquentes. Nous n'avons pas le retour, seule une lettre de la mi-octobre 1592 écrite au roi alors qu'il était tombé malade à Saint-Denis ; probablement une maladie vénérienne, disent les mauvaises langues. Il n'en reste pas moins que la missive est fort tendre :

> « Je meurs de peur : assurez-moi, je vous en prie, en me disant comment se porte le plus brave du monde. Je crains que son mal ne soit grand [...]. Comme par deux fois j'ai vu votre état, aujourd'hui, je ne saurais dormir sans vous envoyer mille bonsoirs car je suis douée d'une rare constance. Je suis la princesse Constance, et sensible à tout ce qui vous touche, et insensible à tout ce qu'il reste au monde, soit bien ou mal[5]. »

Les amants séjournent à Chartres à l'automne 1592, parfois à Saint-Denis ; en 1593, Henri et sa cour se trouvent assez souvent à Mantes. Le Conseil du roi, qui jusqu'alors résidait à Tours, s'installe dans la petite ville. Henri a demandé à sa sœur Catherine de Bourbon de séjourner auprès de lui. La favorite et l'austère huguenote se sont détestées au premier coup d'œil ; la texture de ces deux femmes est trop différente pour que dame connivence adoucisse les angles, comme l'affirme Raymond Ritter, qui connaît parfaitement tout ce qui touche de près ou de loin à Henri IV, surtout ses maîtresses. Or, Desclozeaux écrit au contraire que Catherine, future duchesse de Bar, porte beaucoup d'amitié à Gabrielle. S'il faut trancher, nous pouvons dire que ces deux dames se supportent, qu'elles se trouvent souvent ensemble à la Cour et que si l'amitié ne règne pas entre elles, elles sont contraintes de se faire bon visage.

Selon Desclozeaux, fervent admirateur de la favorite, Louise de Lorraine, la reine blanche, veuve d'Henri III, se serait trouvée en sympathie avec Gabrielle ; celle-ci traite avec les créanciers toujours en éveil de Catherine de Médicis, qui auraient voulu expulser la fragile créature du château de Chenonceau où elle s'est réfugiée après l'assassinat de son époux. Le même érudit avance que Louise de Coligny, fille de l'amiral assassiné lors de la Saint-Barthélemy et veuve de Guillaume d'Orange également assassiné, aurait entretenu de bonnes relations avec la favorite[6]. Un peu plus tard, lorsque le roi aura recouvré sa capitale et que la Cour accueillera les nobles anciens ligueurs, Gabrielle se rapprochera de la très belle Louise-Marguerite de Lorraine, demoiselle de Guise, fille du Balafré mis à mort à Blois en 1588 sur l'ordre d'Henri III ; mais leur amitié est assez vite compromise car la favorite apprend en 1598 qu'Henri, discutant avec son ministre Maximilien de Béthune, futur duc de Sully, des nécessités de son mariage et donc de sa volonté d'avoir des enfants pour lui succéder, n'aurait pas reculé devant une union avec Mlle de Guise. Le souverain est devenu pour la favorite une chasse gardée, elle ne peut accepter aucune rivale.

En cette année 1592, la position militaire du roi est nettement meilleure. Dans une grande partie du royaume, les ligueurs sont tenus en échec par les forces royalistes. En Provence, le duc d'Épernon se bat contre les armées du duc de Savoie jusqu'à les en expulser ; en Languedoc, le général ligueur Guillaume de Joyeuse est vaincu à la bataille de Villemur au cours de laquelle il perd la vie ; Lesdiguières, gouverneur du Dauphiné pour les huguenots, serre de près les États de Charles-Emmanuel de Savoie, lançant des incursions jusqu'en Piémont. Turenne, devenu duc de Bouillon, bat sérieusement les troupes du duc de Lorraine à Beaumont-en-Argonne. En prenant Dreux en juin 1593, l'armée royale s'approche de Paris.

Bien sûr, cette consolidation, plus que les victoires, rassure Henri, qui reprend confiance en son étoile. Pourtant, les grandes villes demeurent tenues en main par les ligueurs auxquels sont venues se joindre des forces espagnoles. Rouen, Toulouse, Dijon, Lyon, Nantes et tout le duché de Bretagne refusent d'accepter ce roi huguenot.

*

* *

Paris surtout résiste, où des états généraux sont prévus en décembre 1592, puis reportés en janvier 1593. Ces états ont en charge d'élire un roi, un roi catholique qui pourrait recevoir l'onction du sacre. Le duc de Mayenne, frère des Guises défunts, propose sa candidature, mais le roi d'Espagne, Philippe II, se verrait bien confier la couronne de Saint Louis. À défaut sa fille Isabelle-Claire-Eugénie, issue de son mariage avec Élisabeth de Valois, pourrait y prétendre, une fois dotée d'un époux français, par exemple le jeune duc de Guise, jugent avec bon sens les députés des états généraux… Le roi d'Espagne ne l'entend pas de cette oreille : sa fille élue reine de France épouserait un Habsbourg, frère de l'empereur régnant. La manœuvre si elle réussit lui permettrait de tenir la France dans un étau tellement puissant qu'elle ne serait plus qu'une province de l'immense empire détenu par les Habsbourg[7].

L'unité du Paris ligueur se fissure. Au-delà de l'idéologie d'un catholicisme européen et universel, certains commencent à éprouver des remords patriotiques, se désolant de voir le roi d'Espagne et son ambassadeur, le duc de Feria, gérer à leur profit les affaires françaises. Un parti moins extrémiste se constitue qui met en avant la loi salique, loi fondamentale du royaume excluant la succession au trône des femmes ou des prétendants issus de lignes féminines. Une ouverture possible s'élargit en avril 1593 quand les députés des États ligueurs décident de rencontrer à Suresnes les représentants d'Henri IV. L'archevêque de Lyon, Pierre d'Épinac, conduit la délégation ligueuse, les Royaux sont amenés par l'archevêque de Bourges, Renaud de Beaune. Lorsque les députés sortent de Paris, la foule se masse sur leur passage, près de la Porte Neuve en criant : « La paix ! Bénis soient ceux qui la procurent et la demandent ! Maudits et à tous les diables soient tous les autres[8] ! »

Le premier acte de la conférence de Suresnes est accueilli avec transport et enthousiasme par les Parisiens ; le mardi 4 mai une trêve « fut criée pour dix jours pour aller à quatre lieues de Paris sans passeport ». Les habitants de la capitale se trouvaient enfermés dans la ville depuis presque quatre ans. Ils en sortirent avec délice pour aller aux champs : « Les champs étaient noirs du peuple allant à Saint-Denis et à Notre-Dame-des-Vertus faire ses dévotions[9]. »

L'entourage du roi, le roi lui-même ne tergiversent plus ; Émery de Vic, proche conseiller d'Henri IV, se rend à Notre-Dame-des-Vertus « où un grand peuple de Paris le vit, auquel il fit dire que le roi s'en allait être catholique et qu'on eût à prier Dieu pour lui et sa conversion ».

Par la voix de Renaud de Beaune, les assistants à la conférence de Suresnes sont informés que « le roi était résolu d'abjurer l'hérésie, et de se convertir ; qu'il avait déjà convoqué les prélats et les docteurs qui devaient l'instruire[10] ».

*

*   *

Nous sommes le 17 mai 1593. Revenons en arrière pour suivre le chemin parcouru qui mène à cette conversion. Dès son avènement, Henri avait annoncé son intention de se soumettre quant à sa religion à un concile national ou international ; plus tard, en avril 1592, il redit son désir de recevoir une instruction religieuse catholique. Pourtant, renoncer à la religion calviniste, à la religion de sa mère Jeanne d'Albret, tourmente sa conscience : « La religion ne se dépouille pas comme une chemise ; car elle est au cœur et, grâces à Dieu, si avant imprimée au mien, qu'il est aussi peu à moi de m'en départir[11]. » Mais, en 1593, malgré tous ses efforts militaires et diplomatiques, le roi de France demeure toujours un roi auquel, pour des raisons religieuses, échappe une grande partie de son royaume. Il est donc conscient que sa conversion ramènerait la paix et ferait de lui le véritable souverain de France que la plupart des sujets attendent.

Ses conseillers les plus écoutés le pressent de changer de religion. Parmi eux, Maximilien de Béthune, plus tard duc de Sully, protestant convaincu par ailleurs, mais surtout le chancelier de Cheverny, amant de Mme de Sourdis, la tante de Gabrielle, et cousin germain de Renaud de Beaune, l'un des prélats royalistes. Le chancelier redoute énormément qu'un catholique bon teint, de la famille des Bourbons, se réclamant de la loi salique, ne vienne se mettre en travers du chemin d'Henri IV, ou encore le jeune duc de Guise déjà évoqué. Le marquis d'O en devient presque brutal :

> « Sire, il ne faut plus tortignonner, vous avez dans huit jours un roi élu en France, le parti des princes catholiques, le pape, le roi d'Espagne, le duc de Savoie, et tout ce que vous aviez déjà comme ennemis sur les bras. Et vous faut maintenir tout cela avec vos misérables huguenots, si vous ne prenez une prompte et galante résolution d'ouïr la messe[12]. »

Dans cette conversion annoncée, le rôle de Gabrielle est signalé par maints auteurs ; ils estiment que l'ambition du chancelier de Cheverny, des Sourdis, d'Antoine d'Estrées motive cette pression. Henri devenu le souverain universellement reconnu, le clan n'en tirerait que des avantages. Sans doute convient-il de nuancer cette affirmation trop défavorable. Cheverny en particulier possède le sens réaliste de la politique d'État et donc estime que la paix des armes et des consciences passe par l'abjuration d'Henri.

Celui-ci en a-t-il parlé avec la favorite ? Certainement, quoique les lettres qu'il lui écrit transportent des torrents d'amour plus que des considérations politiques. Les observateurs contemporains affirment que Gabrielle eut son rôle dans la conversion, dûment chapitrée sans doute sur ce sujet par Cheverny, mais aussi par d'autres comme Maximilien de Béthune. Ce dernier explique dans ses *Mémoires* :

> « La lassitude et l'ennui d'avoir toujours eu le halecret sur le dos depuis l'âge de douze ans, la vie dure, âpre et languide qu'il avait écoulée pendant ce temps, l'espérance et le désir d'une plus douce pour l'avenir ; et finalement quelques-uns de ses plus confidents et tendres serviteurs, entre lesquels se peut mettre sa maîtresse, y firent apporter l'absolue conclusion, les uns par les supplications et les larmes, les autres par remontrances, et les autres par prudence humaine, laissant les cas de conscience à part opérer en lui seul[13]. »

L'historien Mézeray précise la manière dont Gabrielle s'efforce de faire consentir le roi à se convertir :

> « Elle lui parle de la misère du peuple et la perspective de passer le reste de ses jours les armes sur le dos, dans les fatigues, dans le tracas, le hasard, les embûches, loin du repos et des douceurs de la vie[14]. »

*
* *

Du côté huguenot, c'est la consternation, voire le désespoir ; Gabrielle est accusée d'avoir ensorcelé le cœur et le corps du roi pour le convaincre d'abjurer. Duplessis-Mornay, gouverneur de Saumur, ami d'Henri de longue date, reçoit le 8 mai une lettre d'un de ses coreligionnaires, les députés protestants étant réunis alors à Mantes pour discuter les prémisses d'un édit de tolérance : « Tandis qu'Hercule est tout entier asservi à Omphale, les monstres refoisonnent devant lui[15]. »

Agrippa d'Aubigné, à son tour, déplore l'influence pernicieuse de la favorite ; sa narration est assez fantaisiste, mais l'exactitude des faits n'est pas le souci primordial du grand poète baroque :

> « Le dernier instrument fit plus que tout, c'est la marquise de Montceaux [Gabrielle à cette époque n'était encore que dame de Liancourt]. [...] Quand l'espérance de venir à la royauté par le mariage fut fortifiée en l'esprit de cette dame et qu'en lui-même [le roi] on eut fait couler que tous les ministres ensemble ne pourraient dissoudre le premier mariage et que le pape seul était capable de frapper un si grand coup, alors elle employa sa grande beauté et les heures commodes des jours et des nuits pour favoriser le changement[16]. »

Agrippa avance quelque peu les pendules. Il n'est pas encore question de mariage entre Henri et Gabrielle ; néanmoins, le roi travaille depuis décembre 1592 à faire annuler son mariage avec Marguerite de

Valois. Il envoie à Rome deux ambassadeurs, le cardinal de Gondi et le marquis de Pisany, pour sonder le nouveau pape Clément VIII sur ses intentions au cas où le Béarnais deviendrait catholique. Les deux démarches sont parallèles car, d'une part les partisans catholiques du roi sont en état d'excommunication, d'autre part le souverain a, par un nouveau mariage que seul le pape peut autoriser, l'obligation d'assurer la descendance de la branche royale des Bourbons.

Un peu plus tard, en juin, un ministre protestant, assez audacieux, réplique au roi, en accord avec l'opinion des protestants proches d'Henri, ce propos que le roi laisse passer sans le sanctionner :

> « Sire, si vous écoutiez Gabriel Damours [c'est le nom du ministre], comme vous écoutez Gabrielle, votre amoureuse, je vous verrais toujours roi généreux et triomphant de vos ennemis [...] On dit par-deçà que vous êtes près de faire comme Salomon qui retourna à l'idolâtrie : les femmes en furent cause[17]. »

Ce n'est pas sans débat de conscience que le premier Bourbon envisage sa conversion ; il y voit une trahison de la religion dans laquelle sa mère, Jeanne d'Albret, l'a élevé, une trahison à l'égard des huguenots qui ont combattu à ses côtés, une trahison à son propre égard. « La religion ne se dépouille pas comme une chemise », avait-il écrit quelques années plus tôt ; le 13 avril, il tente de faire participer Gabrielle à son angoisse existentielle : « Certes mes discours sont coupés ; aussi l'est mon âme, ne l'ayant (hormis mon amour) jamais eue plus traversée[18]. »

Le Béarnais s'est décidé à la conversion dans la solitude de sa conscience, mais cette décision est provoquée par les exhortations et conseils de ses amis, des protestants comme Sully ou des ministres qui s'apprêtent à se convertir comme Bernard Morlaas ou Jean-Baptiste Rotan, et surtout la nuée des prélats royaux quelque peu empêtrés entre leur fidélité catholique et leur allégeance au souverain légitime. Gabrielle, si elle est intervenue dans la décision royale, n'est assurément pas la seule, et le politique et la raison l'ont emporté, même si l'amour a posé son petit grain de sel. On comprend pourquoi les huguenots se sont déchaînés contre la favorite ; refusant de considérer le dilemme politique dans lequel se débat Henri, ils ont trouvé plus simple d'accuser celle qu'ils considèrent de leurs yeux puritains comme le mauvais ange du roi, de leur roi.

Ils n'hésitent pas à exprimer leurs déceptions, jusqu'à faire circuler des couplets pour le moins maladroits et académiques :

Ni le haut savoir de la Sorbonne antique
Ni l'Espagnol bravache ou le bruyant légat
N'ont point tant de vertu à faire un renégat
Comme les yeux friands d'une face angélique,

Celle que vous aimez plus que votre moitié
Ne dégénère point des vertus de sa mère
Et vous suivez le train de Tonin, votre père
La semblance d'humeur engendre l'amitié[19].

L'allusion à la vie scandaleuse de Mme d'Estrées est claire, moins claire est l'allusion à Tonin ; il s'agit d'Antoine de Bourbon, le père d'Henri, dont les protestants avaient souhaité la conversion à leur religion mais qui s'y était refusé, allant jusqu'à combattre les troupes levées par son frère le prince de Condé.

Mais voici un quatrain de meilleure facture quoique le thème en soit semblable :

Gabriel vint un jour à la Vierge annoncer
Que le Sauveur du monde aurait naissance en elle,
Mais le roi, aujourd'hui, par une Gabrielle
À son propre salut a voulu renoncer[20].

À Mantes, où sont réunis en ces mois de printemps et d'été 1593 le roi, sa sœur Catherine de Bourbon et la favorite, l'ambiance doit être très lourde. Henri a tout fait, multipliant les courriers portés par messagers spéciaux pour que Gabrielle vienne le rejoindre en cette petite ville. La jeune femme traîne les pieds, elle se trouve bien à Chartres près de sa tante Sourdis ou à Noyon près de son père. Le fait d'affronter en cette conjoncture la sœur d'Henri dont elle ne peut ignorer la rigidité huguenote lui est certainement une épreuve, d'autant qu'elle n'ignore pas la rage que les protestants nourrissent à son égard.

Le fait est que, vers le 20 avril, elle ne s'est toujours pas montrée. Henri s'en afflige et s'en plaint :

« Je n'eus pas de vos nouvelles hier ; je ne sais à quoi cela tint. Si vous respectâtes le jour de Pâques, je ne l'ai point fait : si c'est paresse, vous avez tort. Il est midi et je n'en ai pas encore ; c'est bien loin de l'assurance que vos paroles m'avaient donnée de vous voir aujourd'hui. Quand apprendrez-vous à tenir chère votre foi ? Je n'en fais pas ainsi de mes promesses[21]. »

Cette lettre est du 21 avril. Le roi désemparé en sa conscience religieuse voudrait pouvoir trouver une âme sœur pour le consoler. Ce rôle que Corisande a assumé avec brio ne sera jamais celui de Gabrielle, même si elle s'est faite le porte-parole très intime des partisans de la conversion.

Les événements se précipitent ; le roi se saisit de quelques villes aux mains des ligueurs, notamment Dreux. Puis, de retour à Mantes, il retrouve enfin Gabrielle, mais, conscient de probables tensions entre les deux femmes, il a installé Catherine de Bourbon au château d'Anet.

Sonne l'heure tant espérée par les catholiques royaux, celle de l'instruction catholique du roi… Elle se déroule à Saint-Denis, la favorite étant restée, par décence, à Mantes. Le roi en écrit à Gabrielle :

« J'arrivais hier soir de bonne heure et fus importuné de Dieugards jusques à mon coucher. Nous croyons à la trêve et qu'elle doit se conclure aujourd'hui. Pour moi, je suis à l'endroit des Ligueurs, de l'ordre de Saint-Thomas. Je commence demain à parler aux évêques. Outre ceux que je mandais hier pour escorte, je vous envoie cinquante arquebusiers qui valent bien des cuirasses. L'espérance que j'ai de vous voir demain retient ma main de vous faire de plus long discours. Ce sera dimanche que je ferai le saut périlleux. À l'heure que je vous écris, j'ai cent importuns sur les épaules qui me feront haïr Saint-Denis comme vous faites Mantes. Bonjour, mon cœur, venez demain de bonne heure, car il me semble déjà qu'il y a un an que je ne vous ai vue. Je baise un million de fois les belles mains de mon ange et la bouche de ma belle maîtresse. Ce 23 juillet. De Saint-Denis[22]. »

Ceci mérite quelques explications ; la conférence avec les évêques, à laquelle assiste le fidèle et huguenot Duplessis-Mornay, se déroule le 23 juillet 1593 à sept heures du matin. Les prélats sont l'archevêque de Bourges, Renaud de Beaune, les évêques de Nantes et d'Évreux, le curé de Saint-Eustache, Benoist. D'autres encore sont présents. Le roi avait longuement discuté avec les pasteurs, Jean de Serres, Bernard Morlaas, Jean-Baptiste Rotan, qui l'ont assuré que, si l'on possède la foi, il est possible de faire son salut selon la confession catholique ou la confession protestante. Henri n'a pas le choix, il doit appartenir à la religion de l'immense majorité de ses sujets, il doit se réconcilier avec le pape et faire lever l'excommunication qui pèse sur ses partisans et sur lui-même ; il doit également obtenir des bonnes grâces pontificales l'annulation de son mariage avec Marguerite de Valois afin de se remarier et d'avoir des enfants. Sans doute Gabrielle ne le sait-elle pas, mais les envoyés du roi auprès du Saint-Siège, Gondi et Pisany, ont fait le détour par Florence ; on y a parlé d'argent. Le roi en manque cruellement et un prêt important est négocié. On y a probablement parlé aussi d'un mariage éventuel avec Marie de Médicis, la nièce du grand-duc de Toscane.

Il est terriblement frustrant pour un biographe de Gabrielle d'Estrées, maintenant dame de Liancourt, de ne l'évoquer qu'estompée dans l'ombre du Béarnais, assise auprès de Mme de Sourdis au moment de l'abjuration, installée dans une galerie de la nef dans la cathédrale de Chartres lorsque le roi est sacré en cette ville. Le rite de passage qu'est le sacre suit de peu l'absolution le 27 février 1594. Le Béarnais est devenu un impeccable roi de France. Même si les ligueurs tiennent encore Paris et d'autres villes et provinces (la Bretagne), dans l'opinion populaire, le premier Bourbon, légitime par le sang, catholique par la religion, sacré par l'Église, commence à être perçu comme le roi de France véritable et Très Chrétien. Dans l'esprit des ligueurs acharnés perdurent les sentiments que tout cela n'est que comédie, qu'Henri demeure huguenot jusqu'à la moelle, que cette conversion n'est que simulacre pour piéger les catholiques à gros-grains, ultramontains. Quelles que soient les réticences, quelque nombreux que subsistent les irréductibles, les fruits de ces renonciations ne se font pas attendre ; maints gentilshommes tenant jusqu'alors pour la Ligue viennent faire allégeance, faisant tomber dans le gousset royal villes et provinces.

*
* *

Gabrielle se sent-elle un peu isolée au centre de ce tourbillon de ralliements et de retrouvailles ? Le roi dans ses lettres l'assure avec constance de son amour absolu. Mais elle possède déjà en son ventre, depuis septembre 1593, une certitude : elle porte un enfant. Les biographes de Gabrielle se sont beaucoup interrogés sur la paternité ; pourrait-elle être le fait de Bellegarde avec lequel la favorite a trompé à maintes reprises le roi ? Ils évoquent des épisodes vaudevillesques, décrivant Bellegarde caché dans un placard alors qu'Henri, arrivé sans être attendu, s'irritait de voir ce placard fermé à clef et les confitures qu'il renfermait à l'ordinaire inaccessibles à sa gourmandise[23]. Il n'est ni de notre choix ni de la dignité historique de conter de telles saynètes tout juste bonnes pour un théâtre de boulevard. L'enfant est très certainement celui d'Henri, il naîtra au début de juin 1594. Le roi et sa favorite ont passé de longues semaines ensemble à Fontainebleau en septembre 1593.

Cet enfant représente pour Henri un immense bonheur, quoiqu'il n'ait pas encore décidé de son avenir non plus d'ailleurs que de celui des parents – lui et Gabrielle. Lors du sacre et du banquet qui s'ensuivit, la chaise de la reine est demeurée vide, Gabrielle n'est même pas à la table des grandes dames qui se trouvent ce soir-là à l'évêché de Chartres ; elle est quelque peu reléguée avec la tante Sourdis alors que, à la table royale, Catherine de Bourbon, la princesse de Conti et celle de Condé, Mmes de Rohan, la duchesse de Nevers font assaut de maquillages, de bijoux et de satins.

Le 22 mars 1594, après longues négociations, généreuses promesses, coûteux achats de ralliement, en particulier celui de Brissac, gouverneur de Paris, le roi fait au petit matin, sous une pluie fine, son entrée à pied dans Paris. Heures d'intense émotion pour le souverain qui retrouve cette ville où ses anciens coreligionnaires se sont fait effroyablement massacrer lors de la Saint-Barthélemy, où lui-même s'est trouvé prisonnier au Louvre durant presque quatre ans, craignant à chaque instant pour sa vie. Le peuple, dûment manipulé par des tracts savamment rédigés, l'ovationne largement. Certes, il ressent quelque joie de cet accueil enthousiaste, mais, pour avoir traversé tant d'épreuves, avoir vécu tant de désillusions, il sait à quoi s'en tenir sur les manifestations de ferveur populaire.

Mme de Liancourt n'est pas à ses côtés en ce grand jour ; elle est depuis l'année précédente la cible des sarcasmes, des libelles, des pasquins les plus injurieux, voire les plus indignes. De plus, elle est très visiblement enceinte et ne tient pas à se montrer en cette position qui la désavantage. Elle demeure donc à l'écart, au château de Saint-Germain, en compagnie de Catherine de Bourbon.

Saura-t-on jamais quelles pensées tournent dans la jolie tête de Gabrielle ? Amertume de ne pas être sur le devant de la scène ? Tristesse due aux horreurs rimées qui circulent dans Paris et ailleurs sur sa royale liaison ? Les médisances ont débuté en 1593. Elles sont le fait des ligueurs qui, encore à cette époque, tiennent Paris. L'un d'eux, le curé Boucher, prêchant sur une indisposition d'Henri IV, clame qu'il est malade « d'avoir trop embrassé sa Gabrielle ». En 1594, alors que la Ligue se fracture, que des modérés sont entrés en contact avec le roi, la vilenie augmente encore :

Sur le bel ange du Roi
N'est-ce pas une chose étrange
Que de voir un grand roi serviteur
Des femmes, vivre sans honneur
Et d'une putain faire un ange[24] *?*

Il est vrai que le roi, en ses lettres, nomme fréquemment Gabrielle son « bel ange ».

Ce pamphlet de janvier 1594 est encore plus ordurier :

Au roi
Cette putain, qui ne vous aime
Que de gauche et pour le profit
Est si putain que le Temps même
Putassait le jour qu'on la fit[25].

Ce qualificatif de « putain » reste et restera accolé au personnage de Gabrielle jusqu'à la fin de sa courte vie ; il la suit comme une traîne boueuse.

Nul doute que la jeune femme ne soit meurtrie par cette haine populacière, nul doute qu'elle n'éprouve quelque rancœur de ne pas tenir à la Cour le premier rang. La consolation, si consolation il doit y avoir, est dans l'enfant qu'elle met au monde et auquel elle promet un avenir doré.

Chapitre III

LE TEMPS DES ENFANTS

César voit le jour le 7 juin 1594 à Coucy où Gabrielle s'est installée dans la maison du maire alors que le roi conduit le siège de Laon. Cet enfant ne peut porter le nom de Nicolas d'Amerval, sire de Liancourt, auquel sa mère est officiellement mariée. À peine relevée de ses couches, la favorite entame une procédure en divorce devant le tribunal de l'official d'Amiens.

Le procureur Paul Accard présente à la Cour une requête signée par Gabrielle ; la favorite endosse la supplique :

> « Vous démontre dame Gabrielle d'Estrées, assistée de ses tantes et sœurs et autres parents, qu'étant âgée seulement de dix-huit ans, elle aurait par force et contrainte été mariée par son père et autres parents avec messire Nicolas d'Amerval, sire de Liancourt et aurait vécu avec lui l'espace de deux ans ou environ sous les lois du mariage[1]. »

Gabrielle avoue alors que son mari s'est trouvé être impuissant, qu'elle s'en est confiée à ses tantes, sœurs et autres parents : « Ils voyaient le peu de commerce ou point du tout que son mari avait avec elle [...] elle aurait été conseillée de s'adresser à vous [les juges de l'officialité] pour lui être pourvu de remède convenable. »

À la suite de cette requête pour le moins touchante, le procureur intervient dans la procédure :

> « Ce considéré, monseigneur, il vous plaise octroyer à la suppliante commission pour faire appeler par-devant vous son dit mari pour être tous deux ouïs par-devant vous aux fins de séparation et déclaration de nullité du mariage et pour informer et vérifier les faits

que dessus et autres, avant de procéder aux fins susdites, circonstances et dépendances ainsi qu'il appartiendra par raison et vous ferez bien et justice[2]. »

La requête est signée par la tante de Gabrielle, Isabelle Babou, et par Anne de Moridor ; cette dernière est la femme de Jean-Antoine de Longueval, seigneur de Haraucourt, gouverneur de Clermont en Picardie, oncle par alliance de la favorite.

L'official, François Roze, assigne Nicolas d'Amerval à comparaître devant les juges de son tribunal pour le 6 octobre 1594. Mais le mari frustré ne se déplace pas ce jour-là. Roze envoie alors un prêtre au château de Jumel, appartenant à d'Amerval, et ce dernier déclare accepter de comparaître. Il le fera le 16 décembre ; ses retards exaspèrent le roi qui, par un biais ou par un autre, exerce quelque contrainte sur le sire de Liancourt. L'un des biographes de Gabrielle, peu indulgent à son égard, publie le testament du gentilhomme picard, rédigé de sa main, à Amiens. À la suite des formules d'usage dans ce genre de document, d'Amerval ajoute :

« Et parce que, pour obéir au Roi et de crainte de perdre la vie, je suis sur le point de consentir à la dissolution du mariage de moi et de la dite d'Estrées, suivant la poursuite qui s'en fait devant l'official d'Amiens, je déclare et proteste devant Dieu et les hommes, je jure et affirme que, si la dissolution se fait et ordonne, c'est contre ma volonté et par force pour le respect du roi ; n'étant véritable l'affirmation, confession et déclaration que je pourrais être impuissant et inhabile pour la copulation charnelle et génération, étant la vérité que je suis puissant et habile pour la copulation charnelle et génération.

« Et en témoignage de ce dessus, j'ai signé ce mien testament et cette déclaration et protestation que j'ai aussi écrite de ma propre main, et de laquelle j'entends ici après que moi et les miens nous pourrons nous servir pour faire annuler ce qui sera fait et ordonné par le dit official d'Amiens à mon préjudice et de mon dit mariage. Le quel présent testament, j'ai voulu garder secret et, à cette fin, ai clos et fermé la feuille de papier… et l'ai cachetée de mon cachet, où sont empreintes mes armes[3]. »

Le testament paraphé date soit du 12 décembre, soit du 15 décembre. Les dates ne sont pas innocentes ; le roi se trouvant en compagnie de la favorite à Amiens depuis le 12 décembre, le document est remis à deux notaires de la ville, sans doute le 17 décembre. Il est clair que le souverain avait menacé le sire de Liancourt pour le contraindre à comparaître devant l'official, ce qui explique les termes de l'acte. Ajoutons également que Nicolas d'Amerval, s'il craint des représailles royales, n'en perd pas la tête au point de négliger ses intérêts. Dans la première partie de ce testament, il lègue et donne à ses deux filles Charlotte et Marie « tous et chacun de mes meubles, acquêts et conquêts immeubles, en quoi j'entends être compris ce qui a été acquis par dame Gabrielle d'Estrées, ma femme, depuis que nous sommes alliés par mariage ». Ce qui, au total, doit constituer de bonnes grosses sommes puisque le roi a commencé de couvrir d'or et de rentes sa favorite.

Mais un autre fait paraît curieux aux yeux d'un observateur contemporain ; le 15 décembre, alors que la comparution du sire de Liancourt est certaine, présence du roi oblige, le procureur chargé du procès en divorce des époux Liancourt s'en vient trouver l'official Roze pour lui annoncer qu'il y a une nouvelle preuve en nullité de mariage à introduire dans le dossier. Nicolas d'Amerval a épousé en premières noces Anne Gouffier, cousine issue de germains de Gabrielle. Or, selon les lois canoniques, la parenté au troisième degré constitue un empêchement dirimant au mariage qui, de ce fait, ne peut être célébré sans dispense. Cet argument, avancé *in extremis*, est de nature à enlever la décision de l'official. En effet, la première cause d'annulation invoquée par le procureur Accard – la violence et la contrainte exercées par le père de Gabrielle pour l'obliger à épouser Liancourt – se trouve affaiblie par un mensonge formulé dans la demande en annulation de Gabrielle ; car celle-ci reconnaît avoir vécu deux ans sous les lois du mariage avec son mari, temps bien long pour une femme forcée alors que l'on sait par ailleurs qu'elle n'a vécu que trois mois avec lui. Des témoins seront faciles à trouver qui établiront cette vérité. Le deuxième argument, l'impuissance physique, que Liancourt face au tribunal ne conteste pas, l'attribuant à une malencontreuse chute de cheval sur des rochers, constitue un cas d'annulation canonique si un temps d'épreuves de trois ans s'est écoulé depuis la nuit de noces. Ce n'est pas la réalité malgré le mensonge de Gabrielle.

Au contraire, invoquer ce fort et éprouvé argument de droit, celui de la parenté, tant de fois utilisé qu'il en est presque éculé, permet de fermer la bouche des médisants, de faire périr dans l'œuf les arrière-pensées de Liancourt, s'il en a. Mais un obstacle surgit : si Liancourt et Gabrielle admettent s'être mariés vers la mi-septembre 1592 alors qu'ils ont convolé dans les tout premiers jours de juin, s'ils reconnaissent tous deux avoir reçu le sacrement en une chapelle de la grande église de Noyon, le nom du prêtre est oublié et perdu l'acte de mariage. Or, celui-ci aurait pu porter en inscription les dispenses canoniques pour cause de parenté au troisième degré. Si l'acte n'existe plus, perdu, égaré, détruit, l'argument juridique avancé par le conseil de Gabrielle en troisième et ultime position doit être pris en compte par l'official. Le juge n'en réclame pas la production, en revanche des témoins surgissent qui attestent du cousinage de Gabrielle et de la défunte Anne Gouffier. L'annulation est prononcée à la fin du mois de décembre 1594, exactement le 24.

Étrange procédure, étrange sentence, étrange complaisance de l'official François Roze. En 1596, celui-ci est pourvu de l'évêché d'Orléans dont il ne put jamais prendre possession, ayant été assassiné par des voleurs.

*

* *

Voilà Gabrielle libérée des liens de ce mariage dont on ne saura jamais s'il est le fruit d'une contrainte d'Antoine d'Estrées pour enlever sa fille aux convoitises royales, s'il fut voulu par Gabrielle pour échapper à l'autorité paternelle, ou encore et surtout s'il fut arrangé par Henri afin que la favorite ait rang honorable à la Cour. La cause de la dissolution est plus claire, César est né, il lui faut un patronyme, Henri demande au parlement de Paris les lettres de légitimation ; l'enfant s'appellera César de Vendôme[4].

En cette occasion quelque peu délicate, puisque l'on peut dire que César est né d'un « double adultère », le Parlement, dont les convictions catholiques, voire ligueuses demeurent fermement ancrées, aurait pu se montrer réticent. À bon droit, semble-t-il. Jusqu'alors seuls trois rois avaient demandé la légitimation de leurs enfants bâtards, Charles VII qui avait eu d'Agnès Sorel trois filles, Henri II pour un fils et une fille nés d'aventures rapides, et, enfin, Charles IX pour Charles d'Auvergne puis d'Angoulême, né de sa liaison avec Marie Touchet. Le chancelier de Cheverny, qui voit dans l'opération tout le profit que Gabrielle et son clan pourront en retirer, a préparé le texte destiné à être approuvé par la cour souveraine comme s'il s'agissait d'un acte de haute politique. Le préambule souligne tout ce que les Français doivent de reconnaissance au roi Bourbon qui, au péril de sa vie, a remis le royaume, avec d'extraordinaires peines et efforts, en son ancienne « force et dignité » ; puis on en vient au vif du sujet :

> « Puisque Dieu n'a pas encore permis que nous en ayons eu en légitime mariage [...]. Nous avons voulu, en attendant qu'il nous veuille donner des enfants qui puissent légitimement succéder à cette couronne, rechercher d'en avoir ailleurs en quelque lieu digne et honorable [...]. Pour cette occasion, ayant reconnu les grandes grâces et perfections, tant d'esprit que de corps, qui se trouvent dans notre chère et aimée, la dame Gabrielle d'Estrées, nous l'avons, depuis quelques années, recherchée comme le sujet que nous avons jugé et connu comme le plus digne de notre amitié, ce que nous avons estimé pouvoir faire avec autant moins de scrupule et charge de conscience que nous savons que le mariage qu'elle avait auparavant contracté avec le sieur de Liancourt était nul [...]. Et, s'étant la dite dame, après nos longues poursuites et ce que nous y avons apporté de notre autorité condescendue à nous obéir et complaire et ayant plu à Dieu nous donner un fils qui jusqu'à présent a porté le nom de César Monsieur... Nous avons résolu en l'avouant et reconnaissant notre fils naturel lui accorder et faire expédier nos lettres de légitimation[5]. »

Le Parlement, dûment chauffé par Achille de Harlay, d'austère réputation néanmoins, enregistre les lettres patentes de légitimation le 3 février 1595. Selon un observateur de l'époque, la vérification se déroule « par surprise, présent néanmoins M. le premier président de

Harlay, à qui cette faute est imputée sur toutes les actions de sa vie, et dont il n'a jamais su s'excuser valablement[6] ».

Ni le roi ni sa favorite n'ont attendu ce mois de février pour afficher devant la Cour et la population leur liaison et le spectacle de leur passion, celle du roi surtout. Une entrée festive est organisée en septembre 1594 à Paris, car celle du mois de février précédent était une prise de possession militaire et non point la rencontre pacifique d'un souverain et de sa bonne ville et capitale. La cérémonie est préparée avec soin et même précaution ; Henri refuse que les Parisiens l'accueillent avec des salves de canons et de mousquets, disant en plaisantant que les unes et les autres « étaient souvent mal affûtées » et que le pire pouvait en résulter. Par mesure de prudence, le roi vient dans la nuit du mardi 13 septembre se promener incognito dans les rues de Paris.

> « Le jeudi 15e de septembre, le roi fit son entrée à Paris aux flambeaux, entre sept et huit heures du soir. Il était monté sur un cheval gris pommelé, avait un habillement de velours gris tout chamarré d'or, avec le chapeau gris et le panache blanc [...]. Lui, avec un visage fort riant, et content de voir tout ce peuple crier si allégrement "Vive le roi" avait presque toujours son chapeau au poing, principalement pour saluer les dames et demoiselles qui étaient aux fenêtres. Madame de Liancourt marchait un peu devant lui, dans une litière magnifique toute découverte, chargée de tant de perles et de pierreries si reluisantes qu'elles offusquaient la lueur des flambeaux ; et avait une robe de satin noir, toute houppée de blanc[7]. »

Dès la fin de cette année 1594, le roi et Gabrielle ne se quittent plus ; la passion du souverain ne faiblit pas, celle de la favorite, certainement plus modérée, se fortifie des avantages financiers et honorifiques que sa position lui confère.

Car est venu le temps de la générosité royale : les faveurs déferlent sur la maîtresse et ceux de sa famille. Le déclenchement en a été modeste ; jusqu'en février 1594, elle reçoit une pension mensuelle de 400 écus par mois, soit entre 1 200 et 1 500 livres, rien de bien extraordinaire au regard des grosses fortunes du royaume, mais le confort tout de même si l'on compare avec le minimum vital de l'époque qui s'évalue à 100 livres par an. Après février 1594, la mensualité augmente, d'abord 500 écus, puis 1 000 écus.

La famille n'est pas laissée en lisière : le 12 novembre 1594, des lettres patentes nomment Antoine d'Estrées lieutenant général en la ville de Paris et gouvernement d'Île-de-France, charge considérable qui dépasse largement la médiocrité de cet homme.

À Paris, Gabrielle n'ose guère s'installer au Louvre dans l'appartement des reines, d'ailleurs le vieux palais est dans un profond état de délabrement après les cinq ans durant lesquels il a été abandonné et pillé par les ligueurs parisiens. Elle se loge dans un hôtel de construction récente, l'hôtel du Bouchage, appartenant au duc de Joyeuse, comte du Bouchage, vigoureux ligueur qui combat les troupes d'Henri IV en Languedoc. L'édifice, situé dans l'actuelle rue de Marengo, possède l'avantage d'être à deux pas du Louvre[8]. Plus éloigné de la résidence royale, le magnifique hôtel que Catherine de Médicis s'est fait construire près de Saint-Eustache devient la demeure ordinaire de Catherine de Bourbon. Sans doute Henri préfère-t-il réserver à sa sœur ce vaste palais auquel la reine Médicis a apporté tous ses soins dans les années 1580, jugeant l'ensemble digne d'une princesse de sang royal. Par ailleurs, le roi continue la politique des Valois, se réconciliant avec Villeroy, le vieil ami très catholique de Catherine de Médicis. Dès septembre 1594, Villeroy retrouve des fonctions au conseil royal, en tant que secrétaire d'État. La favorite ne porte nulle amitié à cet homme dont elle sait qu'il veut pour Henri IV une alliance italienne, florentine, et plus précisément Médicis. Lorsque Nicolas de Harlay, sire de Sancy, protestant à cette époque, est nommé par le roi aux plus hautes charges financières de l'État en remplacement de François d'O, la favorite fait la grimace ; elle n'aime guère cet homme qui déconseille à Henri de faire annuler son mariage avec Marguerite de Valois, ce qui lui permettrait de l'épouser. Ceci montre, à l'évidence, que le roi entend mener les affaires du gouvernement à sa convenance sans tenir compte des amitiés ou inimitiés de sa maîtresse.

*

* *

C'est sans compter avec l'obstination de celle-ci ; sans doute n'aima-t-elle jamais Henri IV sinon à travers ses enfants. Car, après César, elle donne naissance à deux autres enfants ; le 11 novembre 1596, à l'abbaye de Saint-Ouen, près de Rouen, où le roi vient de présider une assemblée de notables, Catherine-Henriette voit le jour. Son père en est tout ému, il en écrit à M. de Harambure : « Vous saurez que ma maîtresse a accouché d'une fort belle fille. » Au connétable de Montmorency, à qui il a déjà promis César comme gendre, il propose Catherine-Henriette comme bru :

> « Mon compère [...]. Je me porte très bien, Dieu merci comme font César et la petite demoiselle de Montmorency pour laquelle on m'a parlé hier d'un mari qui est de fort bonne maison et fort riche, mais j'ai juré qu'elle serait dame de Montmorency et de Chantilly, croyez-le, mon compère, à qui je donne le bonsoir[9]. »

La petite fille est baptisée à Rouen, et c'est d'un vrai baptême royal qu'il s'agit. Très différent de celui, presque clandestin, de César dans le logis de Coucy, juste après sa naissance. Claude Groulard, premier président du parlement de Rouen, raconte :

> « La cérémonie fut grande et solennelle, telle qu'elle s'observe au baptême des enfants de France. Il y eut quatre poêles dressés dans l'église, l'un à l'entrée, l'autre au fond, le tiers où l'on dépouille l'enfant et le quatrième à l'autel. Après que les pages furent passés avec les flambeaux, précédés par les gardes, les Suisses, les tambours, trompettes, musique du roi et les violons suivirent, M. le Maréchal de Matignon portant cierge, le maréchal de Retz portant une grande salière ouverte, d'Épernon portant le bassin, Nevers avec le vase, Nemours avec la serviette, Montpensier avec le chrémeau, Conti portant l'enfant qui avait un grand drap d'argent doublé d'hermine mouchetée[10]. »

Où l'on voit que les grands seigneurs du royaume, les maréchaux, les princes et les ducs ne se font guère prier pour porter en théorie les objets nécessaires au baptême que doit célébrer le cardinal de Gondi, évêque de Paris. Une seule ombre à ce tableau consensuel : il s'agit après tout du baptême d'une petite bâtarde. Catherine de Bourbon, outrée de cette pompe réservée aux enfants royaux légitimes, pour marquer son irritation, refuse devant l'autel de prendre le nourrisson dans son berceau et de le mettre dans les bras de Conti. La maréchale de Retz doit s'en charger.

Comme il l'a fait pour César, Henri, par lettres patentes enregistrées au Parlement en mars 1597, légitime sa fille. Comme il l'a fait pour César, il fait attribuer à Gabrielle les droits de bail et garde-noble de Catherine-Henriette, ce qui confère la maternité authentique des enfants à la mère devenue marquise de Montceaux.

Le troisième enfant de Gabrielle et d'Henri naît à Nantes, le 19 avril 1598. Une fois encore, la favorite a suivi le roi alors qu'il vient dans cette ville signer le fameux édit avec les protestants, recevoir la reddition du duc de Mercœur et l'allégeance de la Bretagne au souverain Bourbon. Elle accouche d'un garçon fort vigoureux que le roi n'hésite pas à prénommer Alexandre. Le même jour, Henri écrit au connétable, confident de ses affaires domestiques : « Dieu m'a donné ce jourdhui un fils qui ne sera pas moins beau que mon fils de Vendôme, et il succédera en sa place[11]. » On se souvient que précédemment le roi avait promis à Montmorency César comme gendre, mais les événements récents ont quelque peu changé la donne. Marie de Luxembourg, duchesse de Mercœur, après la soumission de son mari, propose sa fille Françoise à Gabrielle et à Henri pour le jeune César. C'est un gage de paix intérieure considérable que le souverain ne peut refuser ; le contrat et les fiançailles sont célébrés à Angers en avril 1598 avant que la Cour s'installe à Nantes.

Tout autant que l'est leur mère, les enfants d'Henri sont comblés des bienfaits que seul un roi peut prodiguer. César, par contrat de donation entre vifs fait par le roi à son fils « naturel et légitimé », reçoit le duché et la pairie de Vendôme et du pays de Vendômois ; le contrat est établi le 3 avril 1598 alors que la Cour est encore à Angers, les lettres patentes qui en ordonnent l'enregistrement au parlement de Paris sont datées de Nantes le 15 avril 1598 ; la Cour souveraine fait la grimace, elle n'entérine la donation que le 24 juillet 1598 « après remontrances ». Quelques jours plus tard, César est désigné comme gouverneur de Bretagne à la place du ligueur soumis, le duc de Mercœur, et, de surcroît, il devient capitaine du château de Nantes.

C'est beaucoup pour un bâtard, peut-être même un double bâtard, et l'on comprend que le Parlement se soit fait tirer l'oreille pour enregistrer les lettres patentes concernant le don de Vendôme et du Vendômois à César ; ce sont là ville et province qui appartiennent au domaine royal dont Henri IV s'est dessaisi, violant ainsi l'une des lois fondamentales du royaume, celle de l'inaliénabilité du domaine. Ce faisant, le souverain s'engage fortement, il place Gabrielle comme mère d'une lignée royale, disposant en faveur de César des biens du domaine royal, ce qui ne s'était jamais vu chez les prédécesseurs du premier Bourbon.

Chapitre IV

LES ALLÉES FLEURIES DE LA FAVEUR ROYALE

Maîtresse officielle, présentée comme telle aux courtisans, ministres et autres gens du conseil, aux Parisiens, aux ambassadeurs étrangers, Gabrielle, de surcroît mère des bâtards royaux, est comblée d'honneurs et de revenus.

Depuis la naissance de César et le divorce prononcé d'avec Liancourt, elle est de plus en plus gratifiée par Henri IV, en revenus tirés des impôts et taxes de la Couronne. Nous savons que, dès le début de la liaison, elle est titulaire d'une pension qui augmente avec le temps, pension, convenons-en, point trop énorme en ses débuts. Bientôt s'y ajoutent d'autres prébendes bien plus juteuses.

Elles se manifestent par des brevets dont les Archives de France conservent la trace[1]. Le premier, signé en 1593, fait don à la favorite de 20 000 écus à prendre sur les sommes qui proviendront de la vente des justices et gardes nobles du duché de Normandie, ce qui constitue déjà une fortune d'environ 60 000 livres. Mais, au fur et à mesure de l'attachement croissant du roi à sa maîtresse, le nombre de brevets signés chaque année se multiplie. En 1594, quatre brevets, en 1595, six, en 1596, treize, douze pour 1597 et seize en 1598. Il importe de les détailler quelque peu pour mesurer à quel point une royauté, bien que manquant de liquidités, dispose des revenus et taxes payés par les sujets selon son bon plaisir.

On sait que le roi vend les offices de finance et de justice aux personnes qui peuvent les acheter, à condition qu'elles répondent aux conditions requises pour exercer ces charges*. Or, il est pressé par des

* Les offices sont des charges que l'on pourrait appeler de la Fonction publique et qui sont vendues par l'État.

besoins d'argent : il faut continuer de combattre les derniers ligueurs, et aussi constituer en 1595 une grosse armée car le souverain a déclaré la guerre à l'Espagne. Henri crée donc de nombreux offices qui lui procurent des liquidités immédiates mais qui, à la longue, pèsent sur le Trésor royal puisqu'il faut payer les gages de ces administrateurs ou de ces juges. Sur le prix de ces ventes qui se multiplient entre 1594 et 1598, une part confortable est attribuée à la favorite ; il est difficile d'en évaluer le montant car les textes ne le signalent que rarement, mais gageons qu'il doit être substantiel.

En avril 1594, un brevet signé Henri et Forget accorde à Gabrielle la somme de 21 333 écus sur les « deniers » provenant du changement de statut des receveurs des domaines, c'est-à-dire des officiers chargés de relever les taxes dues au roi dans ses domaines propres. Pour une fois, nous connaissons le montant du don, soit plus de 60 000 livres, alors que, rappelons-le, le minimum vital à cette époque est de 100 livres annuelles[2]. Toujours en 1594, la maîtresse royale se voit attribuer l'argent provenant du rétablissement des avocats dans certaines circonscriptions financières du royaume. Un peu plus tard, en février 1595, lui est donné tout l'argent provenant de la vente des offices de vice-sénéchal général en Poitou, Angoumois, Aunis et Saintonge, pour La Rochelle, les îles de Marans, la province de Loudun et de Maillezais, de son lieutenant général, de son greffier, de cinquante archers, d'un courrier, d'un trompette et, *in fine*, de deux lieutenants particuliers accompagnés chacun de dix archers. Ces hommes n'ont sans doute pas été choisis par Gabrielle, qui se satisfait de puiser dans les revenus de l'État[3].

En mai 1595, nouvelle manne ; il s'agit de 22 000 écus sur la vente des offices nouvellement créés pour gérer la fameuse gabelle, imposition sur le sel. En septembre et en novembre 1596, lui sont attribués les produits des confiscations et des amendes mises sur les receveurs particuliers de Guyenne, du Rouergue, du Limousin et de la Marche. Ces coquins sans scrupule ont profité des troubles pour faire payer davantage aux contribuables et s'enrichir à leurs dépens. Henri leur fait rendre gorge pour mieux déposer ce pactole aux pieds de Gabrielle[4].

S'attarder sur ces dons provenant des offices vendus par la monarchie ou encore de la remise en ordre du royaume après les guerres civiles serait sans doute fastidieux, quoique cela permette d'apprécier l'ampleur de la fortune acquise par la favorite au fil des quelques années où elle vécut auprès du roi de France. Faisons plutôt un détour par les profits tirés des particuliers en dehors des charges fiscales. En novembre 1596, la favorite reçoit tous les biens meubles et immeubles de Raulin, conseiller au présidial de Lyon qui a été condamné par les Grands Jours[5]. De la même farine est le don des deniers et marchandises appartenant aux Français et aux Espagnols « négociant avec les rebelles sans permission du roi[6] ». En août 1596, à la suite de l'affaire sinistre de la famille Bocquet dont les enfants ont tué le père et subi le châtiment des parricides, tous les biens meubles et immeubles confisqués au profit du roi sont alloués à Gabrielle[7].

L'Église elle-même n'est pas à l'abri des ponctions ordonnées par le souverain pour honorer sa maîtresse ; en juin 1597, devenue duchesse de Beaufort, celle-ci reçoit 50 000 livres provenant de l'aliénation du temporel ecclésiastique et qui restaient à payer après les ordonnances d'Henri III autorisées par les bulles pontificales. L'argent de ces ventes de terres et d'immeubles était destiné à financer le combat contre les huguenots, et l'Église ne s'est pas totalement acquittée de cette dette envers la royauté. Mais Henri IV veille au grain, et Gabrielle sera comblée une fois encore[8].

*

* *

De l'argent, beaucoup d'argent, des immeubles, mais aussi des privilèges que l'on peut trouver scandaleux ; en avril 1595, le don lui est fait des abbayes de Fontenoy, Longvaux et Lessaydes, laissées vacantes par la mort de leur patron, Sourdeval ; la dame en dispose pour les faire diriger « par des personnes suffisantes et capables de la qualité requise qu'elle avisera ». Voilà la maîtresse du roi chargée de nommer aux bénéfices ecclésiastiques, qui, on le sait, sont souvent pleins de fruits juteux, les abbés ou abbesses, commendataires ou clercs*, à qui elle souhaite faire plaisir[9].

---

* Une abbaye peut être en règle (le titulaire est l'abbé effectif) ou en commende (le titulaire se contente d'en percevoir les revenus).

Nous avons dit que Gabrielle n'intervenait pas dans la nomination de tous ces officiers (surtout dans le domaine de l'impôt sur le sel) dont elle reçoit l'argent représentant le prix de la nouvelle charge mise en vente ; ce n'est pas tout à fait exact, en mai 1596, un brevet signé du roi et du conseiller d'État Forget de Fresnes accorde à la favorite le montant de la charge de maître de requêtes ordinaire à la chambre des comptes de Montpellier vacante par la mort du titulaire. À elle non seulement l'argent qu'elle en perçoit, mais encore la possibilité d'en faire « pourvoir par la dite dame telle personne capable qu'elle avisera » ; seule ombre au tableau, Gabrielle doit s'acquitter des 1 200 écus du casuel attaché à cette office, soit une taxe prélevée par le roi sur la vente des offices[10].

La royale maîtresse sait, comme on le verra, placer convenablement les mannes exceptionnelles qui lui tombent en averses de plus en plus serrées et riches ; elle participe au grand parti ainsi que de nombreux nobles ou robins fortunés. Cette organisation verse annuellement au Trésor royal la somme qu'il attend de certains impôts, puis se charge, non sans bénéfice, de la levée de cet impôt. La gabelle sur le sel est ainsi affermée à des partisans ou encore à des traitants qui ont passé traité avec le Conseil des finances ; Gabrielle, qui flaire toujours les bonnes affaires, conseillée en cette occasion par le financier Sébastien Zamet, fin connaisseur des bénéfices à tirer de ce parti-là, s'implique dans l'affermage de la gabelle en Dauphiné. Son procureur, Alexandre Pollalier, passe un contrat avec les États provinciaux du Dauphiné « pour raison de la traite du sel » en cette région. Le contrat est ratifié en octobre 1598 par celle qui est désormais la duchesse de Beaufort en présence de deux notaires du Châtelet de Paris[11]. Mais la dame est âpre au gain et, le même jour d'octobre, elle donne procuration à Pollalier pour qu'il poursuive en justice un certain Antoine Thézé, fermier de la ferme du sel en Dauphiné, parce que, chaque année, le bon Thézé a négligé de taxer les greniers à sel de Vienne, Avignon et Mornas en minimisant outrageusement les quantités vendues par ces entrepôts de distribution…

*

* *

Que fait Gabrielle des sommes énormes qui lui sont allouées sur la trésorerie royale, sur les offices, sur les confiscations et saisies, sur les amendes, sur les revenus des bénéfices ecclésiastiques, sur la traite du sel, et même sur la « blanque », sorte de loterie nationale avant l'heure dont le profit revient au roi et plus exactement à Gabrielle[12] ?

La dame place dans la pierre, la terre, les rentes et les droits provenant de la possession de ces terres, assez loin des folles dépenses vestimentaires dont Marguerite de Valois était coutumière. Si nous ne possédons en réalité que peu de renseignements historiques sur le train de vie de la favorite, il apparaît que celle-ci investit dans le durable, le transmissible, le certain. Le premier achat date de février 1594. Ce n'est pas elle qui signe l'acte de vente mais son cousin, Henri d'Escoubleau de Sourdis, évêque de Maillezais ; il s'agit de la terre et châtellenie de Vendeuil, dans le Vendômois, payées comptant pour 50 000 écus soleil, soit 150 000 livres ; selon la règle féodale, la favorite rend hommage pour cette seigneurie au roi. Le vendeur de ces biens ne laisse pas d'étonner ; il se nomme Philippe Duplessis-Mornay, tête pensante du parti protestant, gouverneur de Saumur, fondateur de l'Académie huguenote de cette ville[13].

Dès lors, une étrange connivence relie Philippe à Gabrielle. Duplessis ainsi que ses coreligionnaires s'estiment frustrés par Henri IV qui délaisse ses anciens compagnons de lutte, négocie avec les ligueurs et même leur offre dans l'État les plus hautes fonctions. Les huguenots réclament une loi d'État qui les protégerait de l'intolérance catholique, leur donnerait la liberté de culte et les droits civils. Le roi, tout occupé qu'il est à conquérir son royaume beaucoup plus par les promesses et les dons que par les armes, se fait tirer l'oreille, craignant de mécontenter les derniers ligueurs. Duplessis, qui connaît les opinions modérées de la favorite en matière religieuse, espère qu'elle aura assez d'ascendant sur le roi pour l'incliner à regarder les protestants dont le statut est d'une extrême fragilité. À l'assemblée de Sainte-Foy, qui, en 1594, réunit ministres et gentilshommes du parti huguenot pour rédiger un cahier de doléances à destination du conseil du roi, il propose de s'attacher les services de la favorite par un don de 10 000 écus, ce qu'elle accepte. C'est encore par le truchement de Duplessis que Catherine de Bourbon consent à céder le duché de Vendôme, possession héréditaire de la famille de Bourbon-Albret, à son illégitime neveu. Mais c'est un troc : un duché pour César, un édit de tolérance pour les protestants. L'un et l'autre des protagonistes correspondant, dit-on, par messages codés arriveront à leurs fins. Madame, sœur du roi, qui a bien poussé à la roue, se défait de son apanage, César devient duc de Vendôme. Gabrielle est aux anges de voir sa progéniture se parer d'un des titres nobiliaires les plus prestigieux de France. D'autre part, peut-être sous l'influence de la favorite, les négociations, longues et pénibles, entre les représentants du souverain et les députés du parti huguenot aboutissent en avril 1598 à la signature du fameux édit de Nantes.

Revenons à cette passion dont Gabrielle ne se défait jamais pour l'acquisition de terres, de châteaux, de seigneuries, de titres dont ses enfants sont à leur tour comblés. En décembre 1596, elle achète la terre et la seigneurie de Crécy-en-Brie, qui appartient aux possessions héréditaires d'Henri ; elle les paye 30 000 écus[14].

Mais ce ne sont pas là les acquisitions les plus prestigieuses de la dame. Quelques mois auparavant, au printemps 1596, c'est le gros coup. L'achat du château de Montceaux, sous un prête-nom, celui de Helye du Tillet, se négocie pour le prix de 40 000 écus qui sont payés en liquide audit du Tillet. En fait, la transaction doit être beaucoup plus onéreuse car il semblerait que ces 40 000 écus aient surtout servi à éponger les gigantesques dettes de Catherine de Médicis et que du Tillet aurait occupé le château et les terres pour faire patienter les créanciers de la souveraine défunte[15].

Montceaux-en-Meaux – auquel s'ajoutent des terres et des seigneuries acquises pour 39 000 écus… Gabrielle se l'approprie ; elle éprouve du plaisir à y résider, à y recevoir. D'ailleurs, très bientôt, elle en devient la marquise puisque le roi, par lettres patentes de septembre 1596, transforme le domaine en marquisat, spécifiant que le titre passera aux enfants de la favorite.

Le bâtiment est particulièrement beau et majestueux, construit sur une esplanade qu'entoure une balustrade de pierres sculptées, surplombant de larges fossés pavés ; un escalier à double rampe permet d'accéder au terre-plein. Quant aux cavaliers et aux voitures, ils pénètrent dans la cour intérieure de cette vaste construction couverte d'ardoises par l'entrée d'un gros pavillon situé au milieu de la façade est du château.

Catherine de Médicis a fait construire cet édifice entre 1549 et 1560, à quelques lieux de Meaux, en lisière d'une forêt domaniale sur un éperon dominant la Marne. En son temps, les artistes réputés y ont travaillé, comme Primatice, le maître d'œuvre de Fontainebleau. Le peintre Dumoustier réalisa les fresques du plafond de la salle de réception. Catherine avait fait planter de nombreux arbres fruitiers, comme à Chenonceau, et dessiner un très beau parc.

Gabrielle se plaît à Montceaux, elle désire y laisser son empreinte. Aussi en 1597 et 1598 remet-elle en état le château qui avait souffert d'une certaine désaffection depuis que Catherine s'était fait construire à Paris un somptueux hôtel et qu'elle avait aménagé la résidence de Saint-Maur. La favorite fait travailler des architectes prestigieux : Jacques II Androuet du Cerceau dirige Jehan Delorme, neveu de Philibert, Nicolas Lemercier et Rémy Cotin, qualifiés d'« entrepreneurs des bâtiments dudit Montceaux ». Ils engloutissent dans les constructions ou reconstructions, pour l'édification d'une « basse court » et surtout pour recréer le jardin de Catherine, auquel travaillent en 1598 de « menus ouvriers », la somme énorme de 40 000 écus[16].

Le couple apprécie cette résidence. Henri tient à ce qu'un nouveau jardin soit tracé. Pour chasser tout à son aise dans la forêt, le roi fait interdire aux habitants de la châtellenie de Meaux de courir le gibier dans un espace s'étendant sur deux lieues autour du château, ce qui les met en rage. Un capitaine des chasses contrôle ce périmètre interdit. Gabrielle règne à Montceaux comme une reine ; toute une administration gère terres et bâtiments... Il y a un capitaine du château nommé Guillaume Dubois qui est payé 100 écus par trimestre ; il y a aussi un prévôt qui représente le roi, gagé lui sur le Trésor royal ; il y a un notaire royal. Tout ce personnel illustre l'importance du fief de la dame de Montceaux ; il démontre tout autant combien elle tient à se comporter comme l'une des premières dames de la noblesse française.

D'ailleurs, c'est en châtelaine qu'en janvier 1596 elle reçoit le duc de Mayenne venu faire la paix avec le roi. Gabrielle et sa sœur Diane sont arrivées la veille avec une cohorte de cuisiniers, de musiciens, de comédiens pour préparer une magnifique réception.

La scène est maintes fois contée, tant par les mémorialistes du temps que par les biographes de la marquise de Montceaux[17]. Charles de Lorraine, duc du Maine, dit aussi de Mayenne, frère des Guises qu'Henri III fit assassiner à Blois en décembre 1588, est le grand chef des ligueurs et donc de l'opposition à Henri IV, même après sa conversion. C'est Gabrielle qui accueille le duc à la porte du château, puis le prend par la main pour le conduire dans la chambre où l'attend le roi assis sous un dais. Mayenne, très gros, très hydropique, qui a toujours des ennuis d'estomac parce qu'il mange comme un ogre (il a fallu trois écuyers pour l'aider à descendre de cheval), fait péniblement trois révérences et arrive à baiser les pieds du roi. Celui-ci le relève, l'embrasse :

> « Mon cousin, est-ce vous ? Ou si c'est un songe que je vois ? »

Selon le chroniqueur Lestoile, les deux hommes eurent ensuite une conversation particulière dans le cabinet d'Henri IV dont les échos ne nous sont pas parvenus. Avant ou après le souper que le roi prend seul avec la favorite, alors que le duc se trouve placé au côté de Diane d'Estrées à une autre table, le souverain l'entraîne pour une promenade dans le superbe parc ; il mène un train d'enfer que Mayenne peine à soutenir. Enfin la pause :

> « Dites le vrai, mon cousin, je vais un peu trop vite pour vous et vous ai par trop travaillé ?
> – Je crois que vous m'eussiez tué sans y penser.
> – Allez, touchez là mon cousin car par Dieu voilà tout le mal et le déplaisir que vous recevrez jamais de moi. »

Ensuite viennent la fête, les musiciens et le feu d'artifice.

Charles de Lorraine est ainsi fort bien traité par la marquise de Montceaux, par sa sœur Diane, par le roi lui-même. Gabrielle déploie tous ses efforts pour gagner les faveurs du ligueur repenti, car il lui a promis de l'aider à faire couronner César roi au cas où elle épouserait le Béarnais. Cette femme que son amant nomme dans ses lettres amoureuses « mon bel ange » n'a qu'une passion : l'élévation de ses enfants et la sienne propre à la dignité souveraine.

Elle en jalonne le parcours par l'acquisition de châteaux, seigneuries, terres, domaines qui lui apportent prestige, pouvoir, titres nobiliaires et confortables rentes. Le plus réussi de ces coups se déroule en juillet 1597 quand, devant les notaires du Châtelet de Paris, la belle Catherine de Clèves, duchesse de Guise, épouse de l'assassiné de Blois, vend à Gabrielle le comté de Beaufort en Champagne, les terres et seigneurie de Soulaynes, les baronnies de Jaucourt et de Larzicourt pour la somme de 120 000 écus[18]. Cependant la duchesse ne recevra pas la totalité de cette somme car la favorite s'est engagée à rembourser les énormes dettes de la veuve d'Henri de Guise, soit 30 000 écus. Geste que cette dernière accomplit loyalement, ce que prouvent seize quittances signées par les créanciers. Si l'on voulait penser que la dame de Montceaux désire se venger de ces ligueurs qui ont donné tant de fil à retordre à son amant, elle n'agirait pas autrement : réception fastueuse pour le duc de Mayenne pimentée de quelques humiliations, règlement des dettes de Catherine de Clèves…

Mais Gabrielle ne peut jamais assouvir cette inextinguible soif de titres nobiliaires ; une semaine à peine après cette acquisition, Henri IV, par lettres patentes enregistrées au Parlement, transforme en duché-pairie le comté de Beaufort, les terres de Jaucourt et de Soulaynes, le tout soumis à un seul hommage (donc ne formant désormais qu'un seul fief) au roi suzerain en son comté de Champagne. Étrange vassalité liant deux êtres unis par d'autres chaînes. Celle qui est devenue en un temps record duchesse de Beaufort achète encore en janvier 1599 dans le bailliage de Meaux, donc non loin de Montceaux, la terre et seigneurie de Saint-Jean, ses fermes et ses bois, pour la somme de 20 000 écus.

À regarder des comptes concernant la fortune de la favorite, dont nous ne possédons, il est vrai, que des bribes, on ne peut être qu'étonné devant la modicité de ses dépenses. Les débours les plus notables relèvent de la gestion de la fortune immobilière de la jeune femme, une nuée de solliciteurs, de notaires, de procureurs et autres huissiers sont dûment gagés qui défendent les intérêts de la duchesse devant les différentes autorités administratives et financières. La défense de ce patrimoine, sur le plan de la sécurité, n'est pas laissée en lisière. Guillaume Dubois, capitaine du château de Montceaux, reçoit scrupuleusement ses gages comme son homologue nommé Lisle pour le château de Beaufort.

Enfin, si l'on en croit l'inventaire après décès de Gabrielle, elle ne laisse pas de dettes, ou si peu au regard de celles, colossales, contractées par Catherine de Médicis ou Marguerite de Valois. À sa mort, elle est redevable envers Zamet de quelque 10 000 écus que nous pouvons expliquer par leur collaboration dans la ferme du sel ; elle laisse un petit nombre de bijoux en gage pour 3 300 écus, sans que quelque explication soit avancée pour cet engagement, dû peut-être à un désir de Gabrielle de transformer ces joyaux ou d'en changer. Tout compte fait, cette dame est une « bonne ménagère ».

À comparer deux femmes du XVIe siècle, qui n'ont pas tout à fait le même âge ni le même statut, l'une étant reine et fille de roi, soit Marguerite de Valois, l'autre ambitionnant la couronne pour elle et ses enfants, soit Gabrielle, éclate une immense différence de comportement. La première ne songe qu'au luxe, au plaisir, dépensant sans compter des sommes qu'elle emprunte pour ses robes, ses bijoux, son train de vie ; mais celle-là est une vraie Valois, passionnée de poésie, de philosophie, de culture et de beauté, gaspillant sa vie en amours incertaines. L'autre, peut-être déjà d'un autre temps, dotée d'une ambition à la fois vorace et patiente, accumulant les biens matériels et les titres de noblesse, investissant dans des affaires fructueuses (la ferme du sel), poussant toujours plus avant vers la plus haute marche du trône. En revanche, peu d'intérêt pour l'art, même si elle fait travailler à Montceaux les plus grands : Delorme, de Brosse, Androuet du Cerceau. En tout cas, nul goût pour la lecture, pour l'expression poétique ou littéraire ; il n'y a presque pas de livres dans sa succession, sinon un livre d'heures, de maigres vies de saints. L'on rêve à l'immense librairie de Catherine de Médicis et à ses collections de dessins, de peintures, d'objets rares. Au fond, cette femme s'intéresse au concret, aux terres, à l'argent, aux titres, aux bâtiments ; le domaine de la pensée lui est presque étranger, sinon pour élaborer la stratégie de réussite pour elle et ses enfants.

Reste le coût de ses toilettes que Lestoile, toujours à l'affût des mondanités, nous décrit avec une précision de grand couturier. Le 15 septembre 1594, alors que la favorite fait une sorte d'entrée officielle dans Paris, qu'elle se trouve en litière découverte devant le roi à cheval, le bon public dans les rangs duquel s'est glissé Pierre de Lestoile peut à loisir détailler la vêture de Gabrielle ; elle porte, on le sait, une robe de satin noir « toute houppée de blanc ». Quelques mois plus tard, en novembre, le roi et sa maîtresse sont parrain et marraine du fils de Mme de Sourdis ; le baptême se déroule un dimanche en l'église Saint-Germain-l'Auxerrois. La commère arbore encore une robe de satin noir tellement chargée en perles « qu'elle ne se pouvait soutenir ». Encore un baptême, celui du fils du connétable de Montmorency dont le parrain est Henri IV ; Gabrielle est présente, habillée en vert, « magnifiquement parée », portant dans ses cheveux douze brillants, quantité que le roi trouve insuffisante, puisqu'il en fait rajouter trois. C'est encore Lestoile qui nous conte que la favorite s'est fait confectionner un mouchoir brodé qu'elle a payé en espèces sonnantes et trébuchantes 1 900 écus. Quoi qu'il en soit, pour le chroniqueur, la favorite est toujours « magnifiquement parée ». Opinion que corrobore l'inventaire après décès des biens meubles de Gabrielle[19]. Des robes et des manteaux de grand prix y figurent, mais d'un luxe moins extravagant que les parures analogues portées par Marguerite de Valois ou Christine de Lorraine, la petite-fille préférée de Catherine de Médicis.

En revanche, cette estimation nous aide à entrevoir quelques-unes des dilections de la duchesse. Elle aime les bijoux, comme toutes les grandes dames du XVIe siècle et même comme Catherine de Bourbon, si grande soit son austérité huguenote. Gabrielle possède l'arsenal classique de la coquetterie féminine, des colliers (ou carquants), des bracelets, des pendants d'oreilles, des « enseignes », ces parements de tête extraordinairement ouvragés en pierres précieuses. Beaucoup de diamants, mais surtout des perles en quantité prodigieuse, plus de 4 000 non montées, estimées à quelque 3 600 écus ; bijoux immédiatement négociables, elles constituent une réserve de liquidités des plus confortable.

À considérer les objets d'art que la duchesse conserve à Montceaux, outre de belles tapisseries flamandes qui ont certainement appartenu à Catherine de Médicis, l'ensemble laisse perplexe. Pas ou peu de tableaux sinon un diptyque en agate où sont représentées, sans doute sculptées, d'un côté la figure du Christ, de l'autre celle de la Vierge. En revanche, s'y trouve une foule de pièces de joaillerie finement ciselées évoquant des scènes de genre, des épisodes bibliques ou tirés de la vie des saints. Exemple, ce rocher « couvert de feuilles d'or avec de la nacre de perles et de pierreries non fines et de petits personnages d'or émaillé de couleur et sur le haut du rocher, un petit amour d'or ». Ou encore « un mont du Calvaire de cristal garni d'or » et « une sainte Barbe dedans une tour de cristal, garnie, d'argent doré, avec un sauvage de même qui la garde ».

Plusieurs objets donnent à voir l'attachement de Gabrielle pour Henri IV, à moins qu'il ne s'agisse de cadeaux du souverain à sa maîtresse pour demeurer toujours présent dans ce cabinet de Montceaux, lieu intime de la favorite. Le chiffre du roi est gravé sur un « miroir de jaspe » ; un « autre miroir » tout d'or est façonné de telle manière qu'une partie s'ouvre et « est le portrait du roi dedans ».

La vaisselle de table rangée dans un grand buffet est ébouriffante de luxe et, sans doute, de raffinement : des aiguières en argent doré ciselées pour figurer des lions, des serpents, et couvertes de médailles antiques, des drageoirs, des fontaines tout aussi travaillées, des bassins d'argent doré « couverts d'antiques »… La dame des lieux est amenée à recevoir dans ce château, elle ne peut être que magnifique en son accueil. Le nombre élevé de lits, d'hiver et d'été, soit vingt et un, garnis d'étoffes précieuses de damas, velours, toile d'argent, confirme aisément que Montceaux constitue pour le roi et la favorite le lieu privilégié et de leurs amours et de leur collaboration festive, voire politique.

L'inventaire des biens meubles appartenant à Gabrielle réalisé après son décès sur ordre d'Henri IV et qui appartiennent à sa succession prouve que la favorite détient ses toilettes, ses meubles, ses objets précieux à Paris, à Montceaux, à Fontainebleau. Le roi, cinq jours après la mort de la duchesse, expédie à François Miron, prévôt des marchands de la capitale, une lettre close lui ordonnant de répertorier les possessions de Mme de Beaufort, tant chez sa tante Sourdis que dans l'hôtel particulier de la rue Fromenteau que le roi avait acheté pour elle à Gaspard de Schomberg, l'estimation parisienne s'élève à 37 000 écus. Celle réalisée à Montceaux atteint 51 000 écus. La plus forte est celle opérée à Fontainebleau où la dame gardait nombre de ses bijoux, soit 67 000 écus. Le roi désire mettre quelque solennité à cette opération. Elle se déroule en son cabinet en présence du maréchal d'Ornano, des conseillers d'État Bellièvre et Rosny (futur Sully), ainsi que des quatre secrétaires d'État.

Henri IV rachète pour un prix légèrement inférieur aux estimations, 144 423 écus, tous les biens meubles de la favorite ; à cette somme, il convient d'ajouter une augmentation d'un cinquième, destinée selon la loi à remettre ces possessions à leur juste valeur de marché. De ce fait, Henri doit à la succession de Gabrielle plus de 176 000 écus. En père conscient de ses devoirs envers ses bâtards Vendôme, il exige que la Cour des comptes considère cette somme comme un capital dont le revenu est constitué en une rente annuelle de 14 700 écus versée aux héritiers de Gabrielle. La vénérable institution traîne les pieds, exigeant un récépissé de ces biens meubles prouvant qu'ils sont entrés effectivement dans le patrimoine de la Couronne. Incapable de le fournir ou s'y refusant, le souverain insiste et met la Cour souveraine des comptes dans l'obligation de promulguer ces lettres patentes. Il daigne néanmoins s'en expliquer *a minima :*

> « Vous ayant assez particulièrement fait entendre que nous nous sommes chargés de tous ces meubles [...]. La plupart desquels nous avons fait changer, accommoder à notre usage, et envoyé une partie d'entre eux en nos maisons de Fontainebleau et de Saint-Germain pour meubler ces lieux ; comme aussi des pierreries et autres joyaux précieux, que nous avons fait changer et accommoder et mettre la plupart en d'autres œuvres, pour en faire présent à notre chère et très aimée future épouse, la princesse Marie : ce qui nous a épargné autant de dépenses. »

Pavane pour une duchesse défunte !

Chapitre V

MARIAGE ET DÉMARIAGE

Écrire la biographie d'une femme qui n'est connue qu'à travers l'homme auquel elle appartient ne va pas sans frustration. Gabrielle n'a laissé que quelques lettres qui se comptent sur les doigts des deux mains. En revanche, nous le savons déjà, les témoignages des contemporains sur sa personne affluent. Haineux surtout, plus rarement louangeurs.

Les missives enflammées que lui écrit Henri, pour relativement nombreuses qu'elles soient, évoquent surtout leur auteur, son amour bouillonnant, ses hauts faits guerriers, ses divertissements et, parfois, assez peu, ses actions plus politiques. Ainsi la fameuse phrase : « Ce sera dimanche que je ferai le saut périlleux », par laquelle le roi parle de son abjuration à Saint-Denis, le dimanche 25 juillet 1593 à neuf heures du matin. Il est pratiquement impossible à travers ces lettres de discerner des traits significatifs du caractère de la favorite. Elle est dissimulée par des protestations amoureuses, des remarques parfois amères sur sa lenteur à venir le rejoindre qui frisent la jalousie à l'égard de son rival Bellegarde, par l'impatience qu'il éprouve à retrouver la femme qu'il aime. Il n'y a rien sur la personnalité de Gabrielle, rien sur ses goûts, rien sur ses aspirations, à croire que le roi se passionne pour une femme qui n'existe que dans son esprit, dans son désir ; la marquise de Montceaux est sa maîtresse, sa chose, elle n'existe que par lui. Certes, tout amour est absolutiste et narcissique, celui d'Henri est totalement aveugle à sa partenaire.

Comment, dès lors, cerner la personnalité de la favorite sinon au travers de ses actes ? De ce qu'elle put dire d'elle-même ne subsistent que des fragments épars et d'une redoutable minceur. De ce que l'on a dit d'elle demeurent certes des traces copieuses, mais tellement entachées que le biographe perplexe s'interroge sur l'utilisation qu'il peut en faire. Entre le discours amoureux d'Henri, les pamphlets haineux de ses adversaires, les remarques prudentes et mesurées de ses soi-disant partisans, où chercher la vérité de cette femme qui mit en émoi la noblesse française durant trois ou quatre ans, ainsi que les cours étrangères et même la papauté ? Marguerite de Valois nous a laissé des mémoires et quelques écrits. S'y trouvent le style, la vérité relative de l'écrivain quand il s'essaie à l'autobiographie (qui est presque toujours justification, et c'est le cas ici), des épisodes en forme de péripéties que l'on recoupe par d'autres sources. Marguerite, de surcroît, a pratiqué avec *maestria* l'art épistolaire ; on en connaît les limites, on en connaît les trésors. Catherine de Médicis, au-delà de sa pratique gouvernementale dont peuvent se déduire sa vision du monde et son rêve d'harmonie, a tenu une monumentale correspondance, surtout politique il est vrai, mais aussi privée, intime ; elle s'est essayée à la poésie, elle s'est entourée de poètes, de musiciens, d'artistes ; de ses écrits, de son action, de sa volonté de donner à voir la beauté, un biographe du XXIe siècle possède les atouts pour lire en profondeur le cœur et l'âme de cette reine si mal aimée.

Rien de tel pour Gabrielle, sinon les objets et les bijoux distillés dans l'inventaire après décès ; sinon, et nous l'avons constaté précédemment, une passion pour les domaines fonciers et les titres nobiliaires. Mais est-ce là tout Gabrielle ? Alors, comment éviter les écueils ordinaires des récits biographiques qui, pour tenter (souvent vainement) de camper leur personnage-objet, le noient en lui maintenant la tête sous l'eau des événements nationaux ou internationaux qui se déroulent durant la vie de ce personnage, événements qu'il a pu connaître, auxquels il a pu participer, et tout aussi bien qu'il a pu ne pas connaître ? Chercher à restituer la personnalité de Gabrielle, démarche d'autant plus difficile qu'elle vit et respire dans une des époques les plus complexes de l'histoire de France, durant laquelle son amant tient la place majeure, non seulement de roi, mais encore de pacificateur d'un royaume déchiré par les luttes civiles, contraint à saisir le personnage à travers des images, hypothétiques sans doute, mais rendues plausibles par la situation dans laquelle elle se trouve, dans la situation où on l'a mise, dans la situation que son statut de favorite suscite et conforte.

Il s'agit bien d'avancer avec prudence en ces projections, tant il peut paraître audacieux de partir de rien ou presque sur la vision du monde de Gabrielle, sur ses croyances intimes, sur ses pulsions cachées ou à demi voilées, pour tenter de faire revivre une femme dont nous ne connaissons rien sinon l'amour égoïste que lui porte Henri IV, les pasquinades ordurières de ses adversaires, les quelques lignes plus ou moins compassées dans les mémoires des puissants de l'époque. Mémoires dont nous savons déjà qu'ils ne souhaitent pas établir la vérité mais leur vérité.

La marquise de Montceaux joue, de plus, de malheur chronologique ; sa courte vie sur la scène nationale et internationale, soit quelque huit ans et peut-être moins, ne lui a pas permis de laisser des traces profondes dans le champ historique, et donc de nuancer la brutalité ou la passion avec laquelle elle a été considérée de son vivant. De nuancer ou de transformer…

Admettons-le, Gabrielle nous apparaît comme une louve se battant pour nourrir, défendre, installer ses petits. À travers eux, puisque le roi le consent, elle souhaite jouir de la puissance souveraine, c'est-à-dire du titre de reine de France, cela est certain, mais elle place au-dessus d'elle sa lignée qu'elle voudrait royale. Cette volonté tenace, nulle preuve ne la confirme sinon ce conglomérat de châteaux, de fiefs titrés, de domaines, judicieusement situés autour de Montceaux ou de Beaufort en Champagne. Nous verrons dans un instant qu'à travers les fonctions de son fils César, pour le moment honorifiques – le bambin est si jeune ! –, elle plante les crocs de ses louveteaux en Bretagne, dans le duché de Vendôme, en Bourgogne. Durant sa courte existence, elle trace d'une main sûre l'emprise territoriale de sa progéniture sur le royaume de France. Beaucoup ont dit et écrit que cette femme est une sotte, vouée aux plaisirs et aux fastes. Il faut aller y voir plus près, car elle est mère avant que d'être femme et surtout femme amoureuse.

Amoureuse, sans doute l'a-t-elle été du beau Roger de Bellegarde dans son âge tendre. Comme lui d'elle. Mais le roi a ordonné, le Grand Écuyer cède la place à Henri. Un Henri qu'elle n'aime guère, qui lui répugne même : il est beaucoup plus vieux qu'elle, balafré et tordu par la vie impossible des combats et des camps qu'il conduit depuis plus de vingt ans, un vieil arbre dépouillé de ses fraîches feuilles, maigre, les joues creuses de l'absence de dents ou de sa propre sécheresse.

La première fois que Gabrielle aperçoit l'homme qui est son roi, elle recule, affolée, traquée, presque violente, au point que sa sœur Diane doit déployer tous ses charmes pour compenser l'attitude de sa cadette. Le pauvre Henri, qui n'est pas à une rouerie près, mais il en est de grotesques plus que d'autres, revient pourtant au château de Cœuvres, déguisé en charbonnier. Voici le souverain empaqueté dans un sac de toile grossière ! C'est beaucoup de ridicule pour le premier Bourbon, il faut les recommandations d'une famille vorace et lucide sur l'opportunité pour que la jeune femme accepte de le revoir.

Elle a résisté pourtant : elle a continué sa liaison avec Bellegarde, avec d'autres aussi peut-être, mais que peut-on en savoir sinon à exercer une curiosité d'alcôve ? Le propos étant, bien entendu, de discréditer un peu plus avant la favorite. Jean-Pierre Babelon semble admettre que le siège puis la prise de Chartres par le Béarnais fut aussi le temps de la reddition de la belle Gabrielle[1]. On se souvient que cet effort de guerre, qui ne cadre nullement avec le plan des opérations qui visait la Normandie, permet au chancelier de Cheverny de retrouver ses fonctions de gouverneur en pays chartrain et à Sourdis celles de gouverneur de la ville. Nous sommes en 1591, le roi est toujours « un roi sans couronne, un général sans argent, un mari sans femme ». Mais il possède une maîtresse dont il est follement amoureux, qui lui a cédé malgré ses répugnances et à laquelle il écrit. La première lettre conservée d'Henri à Gabrielle date du 4 février 1593 et elle est adressée à « mon bel ange », expression qui fera florès pour être tant de fois reprise par les auteurs qui évoquent Gabrielle en leurs ouvrages. Pour nous intéresser davantage à la favorite qu'à son amant, regardons cette missive. Elle crée une sorte d'image à l'envers du couple à laquelle s'est laissé prendre celle qui n'est pas encore marquise de Montceaux ; elle aide sans doute à comprendre que, dans son esprit, elle domine totalement l'homme qui écrit, qu'elle est souveraine de cet homme, lui-même souverain. Quoique encore bien dépenaillé !

> « Mon bel ange. Si à toutes heures m'était permis de vous importuner de la mémoire de votre sujet, je crois que la fin de chaque lettre serait le commencement d'une autre. Ainsi incessamment je vous entretiendrais, puisque l'absence me prive de le faire autrement. Mais les affaires, ou, pour mieux dire, les importunités sont en plus

grand nombre qu'elles n'étaient à Chartres. Ils m'arrêtent encore demain, que je devrais partir [...]. Je ne suis vêtu que de noir : aussi suis-je veuf de ce qui peut me porter joie et contentement. Il ne se vit onques une fidélité plus pure que la mienne ; glorifiez-vous-en, puisque c'est pour vous [...]. Dès que j'aurai vu ma sœur, je vous enverrai La Varenne, qui vous apportera le jour de mon retour assuré, que j'avancerai comme la personne au monde qui a le plus d'amour et qui est absent de sa déité. Croyez-moi, ma chère souveraine, et recevez ces XXXX, ou cent baisers, d'aussi bon cœur que les vous fis hier. Ce IV février[2]. »

Gabrielle, par l'effet de cette lettre et de plusieurs autres – « Croyez, ma chère souveraine, que l'amour me violenta jamais tant qu'il fait » –, sans aimer Henri, peut déjà s'éprouver en position de souveraine, puisqu'elle est ainsi nommée.

La situation est complexe, le Béarnais est loin d'avoir regagné les villes et les provinces tenues par les ligueurs. Il erre au nord du royaume de sièges en campagnes, souvent aussi indécis les uns que les autres. Les rencontres entre les amants sont sporadiques. Le roi demande à sa maîtresse de venir le retrouver à Mantes, à Dreux, ailleurs, souvent elle traîne et ne se trouve pas au rendez-vous fixé par le roi. Celui-ci s'en inquiète, manifestant sa jalousie, motivée ou non, par des lettres mesurées, mais non moins autoritaires :

« Il n'y a rien qui me continue plus mes soupçons, ni qui puisse les augmenter que la façon dont vous vous comportez en mon endroit. Puisqu'il vous plaît me commander de les bannir, je le veux, mais vous ne trouverez mauvais qu'à cœur ouvert je vous en dise les moyens [...]. Vous savez combien j'arrivai offensé en votre présence du voyage de mon compétiteur [il s'agit de Bellegarde]. La force que vos yeux eurent sur moi sauva la moitié de mes plaintes, vous me satisfîtes de bouche, non de cœur, comme il y parut ; mais si j'eusse su ce que j'ai appris, depuis être à Saint-Denis, du dit voyage, je ne vous eusse vue et eusse rompu tout à plat[3]. »

Les biographes de Gabrielle datent cette lettre de la fin de l'année 1594, sans plus de précision. Il semble y avoir là une erreur : à cette époque, la favorite a mis au monde César Monsieur, elle est devenue une mère ; ses objectifs sont clairs, elle veut devenir reine de France et que son fils succède au roi Bourbon. Dès la fin de 1594, elle ne quitte plus le roi, le suit dans ses campagnes, en particulier au siège d'Amiens repris par les Espagnols en mars 1597 alors que l'on pensait la voie dégagée pour la libération du royaume de la tutelle ligueuse et espagnole. Durant les travaux d'investissement d'Amiens, elle partage la vie des camps, sinon qu'elle habite une tente de cuir doré, ornée à l'intérieur de tapisseries ; des objets précieux la meublent : un lit « frangé de soie verte », un « coffre de nuit de broderies d'or doublé de satin[4]. » Elle visite les tranchées, assiste d'assez près à un combat de cavalerie. Les officiers maugréent dans leurs quartiers. Biron le jeune, fils du vieux maréchal, ronchonne que l'armée serait mieux équipée sans « la chicheté que l'on observe partout sauf aux amours ». Le Béarnais se gausse bruyamment lorsque des gentilshommes capitaines, cultivés de surcroît, organisent un débat sur un thème emprunté à Tacite, l'opportunité de la présence féminine parmi des soldats en guerre. Certes, les hommes ne pensent guère aux cantinières et autres filles qui suivent les troupes ; c'est à Gabrielle qu'ils en ont. Jalousie, atteinte au sentiment d'honneur du noble glorifiant le métier des armes, simplement crainte que le roi pris aux rets de la passion ne soit plus le valeureux chef qu'il a été. Jusqu'aux Espagnols qui s'en mêlent ; lors de la reddition, au milieu de septembre 1597, le roi exige des vaincus un acte humiliant, les chefs de l'armée défaite viennent baiser sa botte alors qu'il est à cheval « sur un beau coursier moreau ». Henri, qui ne peut s'empêcher de railler, fait à l'un d'eux la remarque :

> « Si, au lieu d'attaquer le quartier de mon cousin Mayenne, le cardinal d'Autriche [le généralissime espagnol] avait attaqué celui où se trouve ma maîtresse, il aurait gagné la bataille. »

La réponse est peut-être apocryphe, mais elle ne manque pas de panache :

« Sire, mon maître aurait préféré perdre cent batailles que de donner dans un bordeau. »

C'est un gentilhomme du roi qui trouve la réplique :

« Aussi bien n'aurait-il rien fait qui vaille car le seul nom de la duchesse de Beaufort lui aurait fait peur comme à un prêtre ou à un débile homme qu'il est[5]. »

Le cardinal d'Autriche a mené les opérations contre Amiens, d'où l'ironie anti-ecclésiastique du capitaine, probablement huguenot.

Le périple de Bretagne, en 1598, c'est aussi pour Henri le bout du voyage, de la conquête d'un royaume qui ne voulait pas d'un souverain protestant. Le duc de Mercœur, dernier gouverneur ligueur embusqué dans sa province, fait enfin allégeance. Le fameux édit longuement négocié entre les commissaires royaux et les députés des Églises réformées du royaume est dûment rédigé et doit être signé à Nantes en avril. Ailleurs, à Vervins en Thiérache, les ambassadeurs d'Henri et de Philippe II concluent, en mai, un traité qui met fin aux guerres franco-espagnoles, en fait aux guerres civiles qui ont ravagé la France depuis presque quarante ans et dans lesquelles l'Espagne est constamment intervenue aux côtés des catholiques extrémistes. C'est le bout du tunnel, le retour de la paix intérieure et extérieure, c'est un voyage de noces entre les Français et leur roi.

Gabrielle, quoique enceinte de près de neuf mois – Alexandre qui voit le jour à Nantes ayant probablement été conçu lors du siège d'Amiens –, suit Henri jusqu'à Angers d'abord, puis, pour éviter les fatigues et les cahots des voitures du temps, au fil de la Loire jusqu'à Nantes. Elle ne quitte plus le souverain, nous le savons. Elle s'estime protégée dans sa proximité. À Paris, elle a peur ; les élites et le peuple la détestent, elle redoute une agression physique qui serait un prolongement logique des pamphlets, des libelles qui la traînent dans la boue ; elle est la « duchesse d'ordure », l'injure lui colle à la peau. Ne pas lâcher le roi d'une semelle, c'est aussi s'assurer qu'il ne succombera pas aux charmes affichés hautement par certaines dames de la Cour qu'elle considère comme de possibles rivales ; après tout le

Béarnais, quoique marié à Marguerite de Valois et lié amoureusement à Mme de Beaufort, peut être une proie pour d'ambitieuses beautés.

*
* *

Du mariage d'Henri avec Marguerite de Valois, ces épousailles entachées du sang de la Saint-Barthélemy, nul enfant n'est sorti. La reine de Navarre, après une vie mouvementée et maladroite, a été assignée à résidence par son frère le roi Henri III et sa mère Catherine de Médicis dans une sinistre forteresse, à Usson, non loin d'Issoire. Devenu souverain, le Béarnais a bien trop de besogne sur les bras pour songer à délivrer celle qui est toujours sa femme. Surtout, il ne veut plus d'elle – en a-t-il jamais voulu ? Le mariage, politique comme tous les mariages des puissants, obéissait à une pathétique volonté de lier le clan féodal des Bourbons à la famille régnante des Valois afin d'apaiser les troubles civils, d'enlever aux huguenots leurs chefs, ou du moins de les rendre plus souples. L'union célébrée à Paris en août 1572 provoque la fureur des Guises, chefs du parti catholique, et la rage populaire envers un hérétique épousant une princesse de France. La tension est telle que Charles IX qui régnait alors et sa mère Catherine ainsi que les responsables du gouvernement, le dos au mur, croient opportun de faire exécuter une quarantaine de gentilshommes protestants venus avec le roi de Navarre. On sait comment la populace se déchaîne dans la nuit du 24 août 1572 et les jours suivants, massacrant les réformés. Navarre survit à la Saint-Barthélemy mais, prisonnier durant quatre ans, il ne peut s'évader qu'en 1576 pour rejoindre au sud de la Loire ses amis réformés et reprendre la guerre contre la royauté meurtrière de ses sujets. Marguerite reste à la Cour jusqu'en 1578, année où elle rejoint son mari dans ses terres gasconnes, à Nérac précisément. La mission pacificatrice qu'elle devait conduire, ramener Navarre à la Cour, éviter de nouvelles guerres civiles, est loin d'aboutir. Le Béarnais la trompe à l'évidence, elle se sent à l'étroit dans l'environnement militaire de son époux ; elle rejoint donc Paris où sa conduite dévergondée et frondeuse à l'égard de son frère Henri III la contraint à retourner vers le Béarnais. Elle tente d'exister en jouant un rôle politique, s'abouchant avec les catholiques extrémistes, avec l'Espagne même, mortelle ennemie de la France. À tel point qu'elle se retrouve emprisonnée à Usson, loin des lieux du pouvoir, loin des lieux de culture dont elle est friande, comme tous les Valois.

Elle est surtout criblée de dettes. Lorsque lui parvient par Philippe Duplessis-Mornay une proposition pour l'annulation de son mariage avec Henri, elle saute sur l'occasion, bien décidée à profiter financièrement de ce démariage. En effet, quoique connaissant la liaison de Gabrielle et du roi, ses amis et partisans, tant catholiques que protestants, le poussent dès 1592 à prendre épouse convenable qui lui donnerait des enfants, des fils surtout, capables de lui succéder et d'enraciner le lignage Bourbon. Un souverain rangé et père de famille serait d'un très bon effet dans la situation politique où se trouve à cette date le Béarnais.

D'où le début de ces pourparlers, surtout échanges épistoliers, qui précisent les exigences de Marguerite, qui mettent au point les termes d'une demande en annulation auprès de la cour pontificale. Henri, malgré ses difficultés d'argent, s'exécute. Il tire tant bien que mal 250 000 écus qui serviront à satisfaire les créanciers de la reine et 50 000 livres de pension qu'elle demande puisque ses frères, les derniers rois Valois, lui versaient une telle somme annuelle ; pour ce faire, il vend une partie de son domaine en Béarn. En échange, Marguerite doit signer une procuration établie par les conseillers du roi qui pose les arguments nécessaires pour obtenir le divorce. Nous sommes en 1593, Henri est encore excommunié. Il s'interroge, se demandant s'il ne fera pas dissoudre le mariage par une assemblée d'évêques français. Quoi qu'il en soit, il faut de bonnes raisons pour annuler un mariage. Trois peuvent être mises en avant, parfaitement canoniques : la consanguinité, puisque les époux sont cousins issus de germains, la contrainte exercée par Charles IX et Catherine de Médicis alors que Margot ne voulait pas épouser le roi de Navarre, et, enfin, la stérilité de Marguerite malgré une évidente cohabitation. Mais les choses traînent en longueur. On persuade Henri que l'annulation doit être prononcée par le pape qui ne lève l'excommunication du Bourbon qu'en 1595. Or, cette même année, Henri a déclaré la guerre à l'Espagne et ses occupations militaires l'éloignent de la poursuite du divorce. Il est profondément épris de la duchesse de Beaufort dont il possède deux enfants légitimés, César et Henriette. Peut-être nourrit-il le projet d'épouser la favorite qui déjà, on le sait, se comporte en reine. Le roi, s'il est rapide quand il fait la guerre, l'est beaucoup moins lorsqu'il s'agit de prendre des décisions politiques. De son côté, Marguerite de Valois, rassurée par les sommes importantes qu'elle a reçues, ne se manifeste guère ; on dit que, du haut de son ascendance royale, elle n'approuverait guère un mariage entre Henri et Gabrielle. Celle-ci est pour la Valois « une bagasse » dont elle recherche cependant les bonnes grâces en lui faisant cadeau en 1598 du duché d'Étampes, titres et revenus compris. En échange, elle espère que la favorite l'aidera à obtenir de copieux subsides de la part du roi ; les premiers, délivrés à la fin de 1592 et en 1593, sont épuisés, et les créanciers montrent à nouveau les crocs. Le divorce sera en définitive prononcé à Rome en 1599, quelques mois après la mort de la duchesse de Beaufort[6].

Tous ces pourparlers qui traînent en longueur ne rapprochent pas le roi d'un mariage possible. Quelles princesses européennes seraient jugées dignes de la couronne ? L'infante d'Espagne, que son père Philippe II céderait volontiers à celui qui demeure son ennemi ? Louise-Marguerite de Lorraine, la jeune et jolie demoiselle de Guise, qui fait du charme à Henri ? Une princesse allemande dont Henri ne veut pas, car les femmes de ce pays ont la réputation de plonger dans l'éthylisme dès leur jeune âge ? La nièce du grand-duc de Toscane, Ferdinand, part cependant favorite dans la course aux prétendantes. Dans la mesure où Henri n'épouserait pas Gabrielle.

Chapitre VI

LES MARCHES GLISSANTES DU PALAIS

Au long de l'année 1598 et dans les premiers mois de 1599, en marge d'événements majeurs de l'histoire française – retour de la Bretagne dans la communauté nationale, rédaction et promulgation de l'édit de Nantes, signature de la paix de Vervins mettant un terme à la guerre avec l'Espagne –, le mariage et la succession d'Henri IV sont à l'ordre du jour. La rumeur va bon train. Le roi épousera-t-il sa favorite ? Intrigues, confidences, non-dits, trop dits se croisent, s'entrecroisent, créant à la Cour comme à la ville une ambiance pesante, voire délétère.

Les puissances étrangères s'intéressent aux affaires du royaume. Le grand-duc de Toscane* surtout verrait avec satisfaction sa nièce Marie de Médicis unie à Henri IV. Alors pourrait se perpétuer l'influence italienne en France, alors pourrait-il continuer de tenir garnison au château d'If, ainsi pourrait-il se préserver des Espagnols par l'alliance française. Dès la mort d'Henri III, il a soutenu financièrement le Béarnais et, en l'absence de remboursement de ses prêts, il exige des sûretés (le château d'If et Marseille). Mais il est disposé à donner encore plus d'argent si Henri épouse sa nièce. Le grand-duc est renseigné, jour après jour, sur l'évolution de la situation car il entretient à Paris un émissaire, le chanoine Bonciani. L'ecclésiastique est à l'affût de tous les ragots, de toutes les rumeurs pour en rendre compte à son maître. Bonciani déplore l'amour du roi pour la favorite qu'il considère comme le principal obstacle à ce mariage florentin :

---

* Ferdinand de Médicis (1549-1609) a épousé Christine de Lorraine, petite-fille de Catherine de Médicis.

« Sans la duchesse, on traiterait du mariage de votre nièce avant quatre mois. Toujours s'accroît l'amour du Roi pour sa dame ; cela deviendra un mal incurable si Dieu n'y met sa Sainte Main[1]. »

Quelques mois plus tard, en janvier 1599, il écrit que « le roi de France feint de vouloir épouser Marie de Médicis pour obtenir l'annulation du mariage avec Marguerite de Valois, celle-ci obtenue, il épousera Gabrielle[2] ».

Du côté de Rome, les réticences sont grandes. Avant de regagner son pays après le règlement du traité de Vervins, le cardinal de Florence, légat pontifical, aurait eu un entretien avec le roi. L'affaire est rapportée par le diplomate vénitien Contarini, et l'on sait combien les ambassadeurs de la Sérénissime sont au fait des affaires françaises. En août 1598, Henri entre chez le légat sans se faire annoncer et lui déclare tout de go et d'un trait qu'il lui faut un dauphin, qu'il faut que son mariage avec Marguerite de Valois soit annulé, qu'il veut épouser Gabrielle. Le cardinal Alexandre de Médicis répond avec une certaine habileté diplomatique qu'il n'a, de la part du pape, aucun mandat pour ce faire[3].

Le pape florentin Hippolyte Aldobrandini, Clément VIII, cousin de Ferdinand de Toscane, se montre tout à fait défavorable à un mariage éventuel du roi français avec sa favorite. Henri IV n'en expédie pas moins, au début de 1599, Sillery à Rome, demandant au pontife d'approuver son divorce d'avec Marguerite de Valois. Le roi en devient suppliant :

« La grâce demandée à Votre Sainteté est si importante que je ne l'estimerais pas moins que si Elle me donnait derechef la vie et à mon royaume aussi ; tant j'ai besoin avec mes sujets d'être consolé d'icelle[4]. »

En des lettres secrètes, convoyées elles aussi par Sillery, Henri suggère que le jeune Henri de Condé, qui pourrait être son successeur selon les lois du royaume, n'est probablement pas le fils légitime de son cousin Henri de Condé. Celui-ci aurait été empoisonné par sa femme Charlotte Catherine de La Trémoille, que le Béarnais maintient emprisonnée depuis plusieurs années ; elle est soupçonnée d'avoir entretenu une liaison avec un servant du prince de Condé, d'où les doutes portés sur ce malheureux gamin né après la mort de son père. Ainsi cet éventuel bâtard ne pourrait-il être un digne héritier présomptif.

Les lettres d'Henri n'adoucissent pas Clément VIII. Déjà est-il furieux du mariage prévu entre Catherine de Bourbon et le duc de Bar, fils du duc de Lorraine*, car la sœur du roi exige un prêche et donc un mariage protestant. Alors, accorder au souverain français l'annulation de son mariage avec Marguerite de Valois[5] et favoriser une union avec Gabrielle, c'est trop ! Le pontife déclare qu'il accepte, à la rigueur, l'annulation, mais « qu'il ne consentait pas à ce que le roi prenne pour femme la duchesse de Beaufort, même s'il y allait de sa propre vie[6] ».

En France, les hommes les plus importants de son conseil mettent en garde Henri IV contre ce projet de mariage. Parmi eux, le plus courageux est le secrétaire d'État aux finances, Harlay, sire de Sancy. En privé, emporté par son hostilité à cet éventuel mariage, il se permet des propos d'une extrême grossièreté :

> « Pute pour pute, il aimerait mieux la fille d'Henri II que celle de madame d'Estrées qui était morte au bordel[7]. »

En présence du roi, Sancy se montre plus circonspect. Audacieux néanmoins puisque, au retour du siège de La Fère, en novembre 1595, alors qu'il se trouve dans le même carrosse, il fait part de sa consternation face à un tel projet qui « mettrait en péril la couronne ». L'estime que lui porte Henri IV atténue les propos critiques. Par deux fois, l'intransigeant secrétaire d'État s'oppose au souverain, toujours pour la même raison : il réfute la volonté royale de se passer du pape pour obtenir l'annulation du mariage avec Marguerite de Valois en demandant aux évêques français de régler le problème. Au risque de provoquer un schisme, fait remarquer Sancy, tout ancien huguenot qu'il soit

* Henri de Lorraine, fils du duc Charles III, est alors marquis de Pont-à-Mousson. Il devient, après son mariage en janvier 1599 avec Catherine de Bourbon, duc titulaire de Bar, puis, à la mort de son père en 1608, duc de Bar et de Lorraine.

et qui peut donc en mesurer les effets*. Henri IV, bien que très attaché au secrétaire d'État, finit par se lasser de ses avertissements à la Cassandre. Il faut y voir l'influence de Gabrielle décidée à éliminer cet opposant à son mariage et celle plus nuancée de Sully qui fait en sorte de se rendre indispensable et remplace peu à peu aux finances Harlay de Sancy, au point que, par deux fois, le roi oublie de convoquer ce dernier au conseil[8] !

Le destin de Sancy est scellé à Nantes autour du 19 avril 1598 ; la favorite donne le jour au troisième enfant, un beau garçon nommé Alexandre, et, dans un élan de passion dont il est coutumier, Henri IV lui promet alors de l'épouser. Un peu de chantage en un moment d'émotion certaine. Gabrielle refuse de croire à la sincérité du roi si Harlay de Sancy n'est pas écarté du gouvernement. Le secrétaire d'État le comprend, qui regagne ses terres pour ne plus en sortir[9].

Dans l'entourage royal, tout à fait désemparé par les intentions de moins en moins dissimulées d'Henri, parmi les courtisans et les hommes du gouvernement, bien peu osent comme Sancy dire le fond de leur pensée. Certains émettent de timides réserves, ainsi Villeroy, ainsi Sully ; ce dernier explique au roi que, au cas où un nouvel enfant naîtrait du mariage avec Gabrielle, l'embrouille dynastique serait de taille. Lequel de ces garçons serait le prétendant légitime au trône, César légitimé par l'union de ses parents ou le nouveau venu ? Mais Sully, qui souhaite garder l'amitié de son maître, ne s'aventure pas plus loin, quelle que soit son intime conviction. Il fait sa cour à Gabrielle, tout comme les autres hommes et femmes qui suivent le souverain dans ses déplacements ou viennent au Louvre chaque jour[10]. La noblesse immémoriale s'estime humiliée d'avoir à servir comme une reine celle qu'elle considère comme une favorite ambitieuse.

L'hostilité de la noblesse de Cour s'exprime clairement à l'occasion d'un autre mariage, celui de Catherine de Bourbon avec le duc de Bar. Quoique fondée sur d'autres raisons, la réprobation nobiliaire en cette occasion touche tout autant, sinon plus, l'union en suspens

* Nicolas de Harlay, sire de Sancy, initialement juriste, devint sous Henri III ambassadeur en Suisse. En 1594, Henri IV le charge de dresser « l'état des finances ». En 1595, une nouvelle mission diplomatique le conduit en Suisse et en Allemagne pour lever des troupes. En 1596, le roi le nomme colonel général des Suisses. À cette date, sa carrière politique est à son apogée.

d'Henri IV et de Gabrielle que celle de la sœur du roi avec un prince lorrain. Ces noces-là sont pour le coup assez baroques, mi-parties en quelque sorte, la cérémonie étant à la fois protestante par le prêche d'un ministre exigé par Catherine, et catholique par la bénédiction nuptiale donnée par un évêque. Or Gondi, évêque de Paris, florentin et ami du grand-duc Ferdinand, refuse de célébrer cette union. La cérémonie se déroule dans le grand cabinet de travail du roi à Saint-Germain ; elle est présidée par un obscur Charles de Bourbon, frère naturel de Catherine et d'Henri, archevêque de Rouen, qui n'a jamais dit la messe de sa vie. Nombre de grands noms manquent aux cérémonies puis aux banquets et aux bals ; ainsi le duc de Guise, le connétable de Montmorency, Mayenne, le comte de Soissons, le duc de Nemours, le comte d'Auvergne, bâtard de Charles IX… Ces absences n'ont rien d'innocent[11].

L'hostilité populaire, surtout parisienne, à l'égard de la duchesse ne se dément pas : « duchesse d'ordure » elle a été nommée par la populace, duchesse d'ordure elle demeure. Des pasquinades circulent, comme celui que cite Lestoile, daté de mars 1599 :

Car un peu de plomb et de cire
Légitime un fils de putain.
Putain dont les sœurs sont putantes
Comme fut la mère jadis
Et les cousines et les tantes
Hormis Madame de Sourdis[12].

On comprend pourquoi Gabrielle répugne à demeurer seule à Paris si le roi n'y est pas. Peu d'années auparavant, en 1594, alors que la favorite superbement parée sort du Louvre, l'archer de la garde répond, pour être entendu, à un badaud admiratif s'enquérant du nom de la dame : « C'est la putain du roi. » Et l'on ne parle pas encore de mariage.

*
* *

Comment, en cette année 1598 et en ce début de 1599, apprécier le comportement d'Henri IV ? Comment discerner les courants opposés qui traversent son cœur et son âme ? Parfaitement conscient de l'opposition suscitée par son union projetée avec Gabrielle, il s'efforce, de manière à la fois pathétique et contradictoire, de rallier à sa cause gentilshommes et gens de la haute administration. Il évoque avec eux le problème crucial de l'avenir du royaume, celui de sa succession, il veut leur faire entendre que la duchesse lui a déjà donné trois beaux enfants dont l'aîné, César, pourrait être le parfait dauphin. Il s'en ouvre en août 1598 au premier président du parlement de Normandie, Claude Groulard[13]. Celui-ci, invité à Montceaux, reçoit un accueil des plus chaleureux : « Je veux faire renouveler la race des princes du sang, de plus fort et vigoureux qu'il n'y en a », lui dit le roi. Allusion plutôt transparente à cet Henri de Condé, héritier présomptif de la couronne, au cas où le souverain en titre disparaîtrait sans descendance légitime. Lors de la donation du duché de Vendôme à César Monsieur, il demande au président de Thou, au président Pierre Jeannin et au conseiller Soffrey de Calignon d'en être les témoins, comme pour les lier à la nouvelle dynastie qu'il veut fonder en épousant Gabrielle[14].

Il n'est pas sans savoir que ces hommes du Parlement, fins connaisseurs des lois et coutumes du royaume, pèseront d'un poids déterminant si les noces avec la favorite doivent avoir lieu. Ces juristes savent pertinemment qu'un roi de France épouse une princesse étrangère parmi les « filles des Rois et Princes souverains ». Ils estiment, comme les jurisconsultes de l'Ancien Régime, que le souverain ne peut se marier avec l'une de ses sujettes « afin de ne pas mélanger les genres et élever à leur niveau des familles qui doivent rester dans la stricte soumission à l'autorité royale[15] ».

Provocation ? Entêtement amoureux ? Henri IV laisse Gabrielle se comporter en public comme si elle était la reine. Les dames de la haute noblesse qui appartiennent à sa maison participent aux rites royaux du lever et du coucher, qui se sont quelque peu effacés depuis la mort de Catherine de Médicis. Lorsque, le 23 juin 1598, une collation est donnée pour la Cour à l'hôtel de ville, Gabrielle, « assise sur une chaise » comme la reine pourrait l'être, se fait servir pâtisseries et gourmandises par Mme de Guise, la veuve du Balafré ; elle grignote d'une main alors que l'autre est abandonnée aux baisers enflammés du roi[16].

Le 13 décembre 1598, à peine remis d'une grave maladie, Henri IV décide de célébrer en grande pompe le baptême d'Alexandre Monsieur. Le parrain est Charles de Soissons, avec lequel Henri est réconcilié depuis les fiançailles de sa sœur avec le duc de Bar, la marraine est Diane d'Angoulême. Au banquet, Gabrielle est placée en face du roi comme si elle était déjà reine. Baptême royal pour un bâtard, murmure-t-on à la Cour[17]. Gabrielle n'occupe pas encore au palais du Louvre la chambre des reines non plus que leur appartement. Elle loge, lorsque le couple se trouve à Paris, dans l'ancien hôtel de Schomberg que le roi a acheté. Bâtiment commodément situé à quelques pas du palais, à l'ouest de celui-ci et au nord de la Grande Galerie qu'Henri est en train de faire construire. Gabrielle peut rejoindre son amant à pied en passant par son jardin qui jouxte un guichet avec pont-levis situé juste devant l'escalier qui dessert la salle des gardes et les appartements du roi*.

*

* *

Le roi aime profondément sa favorite ; il en écrit lui-même les raisons. Il évoque avec tendresse « sa personne confidente pour lui communiquer ses secrets et ennuis et sur iceux recevoir une familière et douce consolation, telle qu'il estimât cette dame capable de lui donner ».

Mais, plus que tout, le roi veut assurer sa succession. Gabrielle lui a déjà donné trois enfants alors que les médecins avaient décrété qu'il ne pourrait en avoir à cause des maladies vénériennes contractées au cours de ses multiples aventures de soudard et d'une certaine « carnosité ».

Cette obsession devient prégnante après la lourde atteinte de santé que le roi subit à l'automne 1598. Au début du mois d'octobre, Henri et Gabrielle se retirent à Montceaux. Cette saison pour le roi est

---

* L'hôtel de Schomberg se trouvait rue Fromenteau ou Froidmanteau, à l'emplacement actuel de la place du Carrousel.

traditionnellement celle où il fait sa diète, buvant force tisanes qui le font transpirer abondamment, en même temps il modère son appétit qui, aux dires de tous, est pantagruélique. Il déclare ne vouloir à ses côtés aucun membre du conseil, sinon son ami Lavardin, et bien sûr sa maîtresse. Le jeûne diététique dure à l'ordinaire trois semaines. Le souverain, sans doute affaibli, s'échauffe en jouant au pail-mail. Survient alors une grosse fièvre. La maladie se complique d'une résurgence de l'affection vénérienne qui le tourmente depuis fort longtemps. Il est question d'aller quérir à Venise un médecin spécialiste des voies urinaires, mais les remèdes traditionnels font leur effet. Après moult saignées et purgations, il peut écrire le 16 octobre au connétable :

« Je commence à me bien porter, Dieu merci, la fièvre m'ayant quitté de hier matin seulement, mais elle m'a laissé si faible et avec un tel dégoûtement, que je n'en puis encore ravoir, et la nuit passée, je l'ai eue avec tant d'inquiétude que je n'ai pu fermer l'œil[18]. »

Gabrielle et son entourage s'inquiètent de ses imprudences à tel point que le conseil envoie Sully à Montceaux pour contraindre le roi à suivre raisonnablement son régime. Sa mission est « d'exhorter Sa Majesté à se montrer plus soigneuse de sa personne si nécessaire au salut et au bien de ce royaume ». Pour se distraire durant la diète et la convalescence, les habitants du château de Montceaux jouent un jeu d'enfer. Le bon La Force, huguenot point trop puritain, en avertit sa femme restée au pays gascon :

« Il est deux heures du matin et nous ne faisons que quitter le jeu. C'est la principale occupation du roi en sa diète et il y a toujours deux ou trois partis. Je suis de celui de Madame la Duchesse. Nous nous sommes associés, M. le Grand et moi, et faisons toujours à moitié : nous avons quelque deux cents écus de gain[19]. »

Petite information due au hasard d'une lettre, Bellegarde appartient toujours au cercle des intimes du roi et de la favorite. Si Henri refuse la présence de ses ministres à Montceaux durant sa diète, hormis Sully expédié par un conseil inquiet des rumeurs parisiennes sur la santé du souverain, il admet quelques fidèles – Lavardin, La Force et... Roger de Bellegarde.

Tous se réjouissent de constater la belle humeur du monarque qui, en homme peu capable de se contrôler sur le plan de l'exercice physique, du lit ou de la table, soupe avec un bel appétit au soir du 29 octobre. Voilà qui n'est pas raisonnable, dans la nuit, la fièvre, accompagnée de diarrhées et de vomissements, atteint des hauteurs insoupçonnées. Le malaise est si grave que le roi a une défaillance cardiaque de près de deux heures où il est sans parler ni bouger. Le médecin ordinaire, Rivière, est totalement désemparé et il fait venir trois confrères parisiens au chevet du malade.

Paris, averti de la nouvelle, en est fort troublé. Pierre de Lestoile partage cette angoisse :

> « Le vendredi 30 de ce mois [d'octobre], la ville de Paris fut fort troublée des nouvelles que l'on apporta de l'extrémité de la maladie du roi, qui avait une carnosité provenant d'une chaude-pisse, laquelle pour avoir été négligée, lui causa une rétention d'urine qui faillit l'envoyer dans l'autre monde, accident autant craint par les bons comme il était désiré des méchants. Les médecins de Paris les plus experts y furent mandés dès la nuit [...]. M. de Montpensier, le duc de Joyeuse et le comte de Saint-Paul, avec plusieurs autres seigneurs et gentilshommes, montèrent à cheval et sortirent de Paris, cette nuit, pour aller trouver Sa Majesté, comme aussi se retirèrent les gouverneurs en leurs gouvernements. L'effroi fut grand à Paris (où on le fit mort) jusqu'au soir bien tard de ce jour, que M. de Montpensier arriva, qui assura la ville de la disposition de Sa Majesté beaucoup plus meilleure [...]. Ce jour-là, les portes de Paris demeurèrent fermées jusqu'à 10 heures du matin, ce qui augmenta l'effroi entre le peuple, qui se persuada incontinent qu'il y avait pis du roi que ce qu'on ne disait[20]. »

Ce même 30 octobre, Montpensier, Joyeuse et d'Épernon ont tenu un conciliabule. Ils ont décidé que, au cas où le roi mourrait, ils seraient les personnages dominants d'un conseil de régence et aboliraient l'édit de Nantes. Il semble que le royaume ne sortira jamais des luttes de clan et des guerres civiles.

La décision royale, celle d'épouser Gabrielle, mûrit à la fin de l'année 1598. Le chancelier de Cheverny considère la situation de son point de vue très particulier :

> « Néanmoins, je sais que le roi se portait à ce mariage autant pour sa conservation particulière que pour son plaisir, m'ayant fait l'honneur de me dire particulièrement plusieurs fois que, puisque l'incommodité susdite en sa personne [...] pouvait causer des sujets qui abrégeraient sa vie, il voulait par ce mariage se délivrer de la contrainte et de la persécution que les princes du sang et autres avaient faites au feu roi Henri II [...] à cause qu'il n'avait point d'enfants. Et de fait, s'étant résolu à épouser ladite duchesse, pour commencer à l'autoriser et sesdits enfants, ne faisait plus aucunes grâces et ne donnait aucun gouvernement ou charges d'importance, que ce ne fût par la prière de la dite duchesse et en sa faveur. Il commandait que l'on la remerciât, et que l'on lui eût obligation pour attacher un chacun davantage à son intérêt en cas qu'elle ou ses enfants en eussent besoin. Si bien qu'en peu de temps, on vit dans diverses provinces force personnes, même de grandes qualités, établies à ce dessein[21]. »

*

* *

La favorite, avec l'accord du roi ainsi que le souligne le chancelier de Cheverny, œuvre avec une certaine habileté et une bonne dose de duplicité pour se constituer un parti capable de la soutenir en ses projets matrimoniaux...

En premier cercle, le clan d'Estrées. Le père, Antoine, gouverneur de Noyon après avoir été malheureux gouverneur de La Fère, est fait gouverneur de Paris et de l'Île-de-France. En 1597, il obtient la charge de grand maître de l'artillerie qu'il exerce de manière piteuse au point que, après la mort de sa fille, la fonction lui est retirée au profit de Sully qui la convoitait depuis plusieurs années. Le fils aîné d'Antoine, François-Louis, est tué en 1594 au cours du siège de Laon. Son frère cadet, François-Annibal, quitte alors ses fonctions ecclésiastiques et devient en 1596 gouverneur de La Fère dès que la ville est reprise aux Espagnols. En 1598, le roi lui propose d'épouser Mlle de Guise.

Quant aux sœurs de Gabrielle, elles connaissent d'éclatantes destinées auxquelles la main de la favorite n'est pas étrangère. Diane, la complice de toujours, épouse le maréchal de Balagny, gouverneur de Cambrai. Angélique, autre sœur de la favorite, religieuse au couvent de Poissy où règne une grande liberté de mœurs, a accepté sans nul doute les faveurs d'Henri III qui la fit nommer abbesse de Bertaucourt en Picardie. En mignotant Henri IV, Gabrielle réussit à lui obtenir la fameuse et réputée abbaye de Maubuisson. En ces temps, le cumul des bénéfices ecclésiastiques ne gênait que les puristes de l'Église ; les grandes familles en tiraient d'abondants revenus. La plus jeune sœur de la favorite, Julienne-Hippolyte, trouve un mari prestigieux en la personne de Georges de Brancas, futur marquis, puis duc de Villars. Mais large est la famille d'Estrées et surtout accueillante ; après la mort de sa femme, assassinée en 1593 à Issoire avec son amant Yves d'Allègre, Antoine d'Estrées reconnaît la petite fille, prénommée Françoise, née de cet adultère et la marie au comte de Sanzay.

Dans ce paysage familial qui touche progressivement, grâce à Gabrielle, à la plus haute noblesse française, deux personnages jouent un rôle prépondérant. La tante de Gabrielle, Isabelle de Sourdis, épouse de François d'Escoubleau, marquis d'Alluye et de Sourdis, dont la malchance militaire n'a d'égal que les déficiences sexuelles, se trouve mère malgré tout. Ses deux fils, cousins germains de Gabrielle, ne sont pas oubliés dans la pluie de faveurs dont jouit la famille. L'aîné, François, à peine plus âgé de trois ans que sa cousine, après avoir vécu quelque temps dans le monde, est saisi par le grand mouvement mystique de cette fin du XVIe siècle. Il entre brusquement dans les ordres. Non pour devenir curé de campagne, mais pour être archevêque de Bordeaux en 1599 ; lourdement appuyé par Henri IV, il obtient, en même temps que le très célèbre d'Ossat, le chapeau de cardinal. Ce François de Sourdis – est-ce pour expier les péchés de sa cousine ? – se montre à Bordeaux un prélat très zélé comme la réforme catholique de ces années de fin de siècle et surtout le XVIIe siècle en produiront quelques-uns. Son frère, Henri de Sourdis, se tourne également vers l'Église. Carrière moins brillante, il est évêque de Maillezais au début du XVIIe siècle*.

Mais le personnage le plus important de cette tribu n'a pourtant aucun lien de sang ni avec les Babou ni avec les d'Estrées, non plus qu'avec les Sourdis. Il s'agit de Philippe Hurault, comte de Cheverny, né en 1527 sous le règne de François Ier, mort quelques mois après Gabrielle, en 1599. Par sa mère, Marie de Beaune, il appartient à la famille Semblançay ; par son père, secrétaire du roi et général des finances, il connaît dès son jeune âge ce milieu de la robe qui a construit la monarchie française. Cadet, on le destine à l'Église. À la mort de son aîné, il devient, en 1553, conseiller clerc au parlement de Paris, puis en 1562 maître des requêtes de l'hôtel du roi. Catherine de Médicis remarque cet homme, lui confie plusieurs missions en forme d'ambassades, puis le nomme chancelier de la Maison du futur Henri III, alors duc d'Anjou. Cheverny, en épousant en 1566 Anne de Thou, fille du premier président du Parlement, ne change guère de milieu, celui de la très haute et très puissante administration royale de la robe dans laquelle il n'en finit pas de grimper puisqu'en 1569 il est nommé conseiller d'État. Ses liens avec Catherine puis Henri d'Anjou, qui devient en 1574 roi de France, demeurent étroits : lorsque Anjou est élu roi de Pologne, il charge Cheverny de l'avertir de toutes intrigues qui pourraient gêner son accession au trône de France puisqu'il sait déjà son frère, le roi Charles IX, très malade. Lorsque Henri III devient roi, Cheverny, qui a bien servi son maître, allant même jusqu'à Turin pour le rencontrer et conférer avec lui lors du voyage de retour de Pologne, entre dans le cercle très fermé des décideurs intimes.

Cheverny est comblé de faveurs et d'honneurs par Henri III ; chancelier de l'ordre de Saint-Michel, puis de celui du Saint-Esprit, il est enfin garde des Sceaux en 1578 et chancelier de France en 1583. Fait exceptionnel pour un homme de robe, ce qui souligne la confiance de Catherine et d'Henri, il est doté de pouvoirs militaires, puisqu'il

---

* S'il débute dans sa trajectoire ecclésiastique comme évêque de Maillezais, Henri de Sourdis progresse allègrement. Il succède en 1628 à son frère comme archevêque de Bordeaux tout en menant une carrière dans l'armée ; il est sous Louis XIII le commandant des galères du Ponant.

devient en 1582 gouverneur de l'Orléanais, du pays de Chartres, du Dunois et du Loudunois. L'ascension fulgurante de cet homme marque une pause en 1588, lorsqu'Henri III, enserré par les Guises et la Ligue dont ils sont les chefs incontestés, renvoie une partie de son gouvernement. Cheverny reçoit dans son château de Cheverny une lettre de la main du roi : « Il était content de lui comme des autres membres de son conseil, mais qu'il les priait de se retirer chacun chez soi. » Le chancelier déchu se cache dans une autre de ses résidences, Esclimont, en pays chartrain, afin, dit l'historien de Thou, « de n'être pas si voisin de la cour d'où il croyait avoir été chassé avec honte ». Les commentateurs de ce bouleversement ministériel de l'époque se sont perdus en conjectures. De nos jours, avec du recul, il est plus aisé de comprendre qu'Henri III voulait se débarrasser des hommes trop proches des Guises et trop inféodés à sa mère Catherine, qui s'apprête à s'allier ouvertement avec ceux-ci, rompant avec l'équilibre politique qu'elle a tenté de tenir durant le temps qu'elle fut aux affaires. L'assassinat des Guises à Blois est la preuve flagrante de la volonté du dernier roi Valois de se libérer de leur tutelle.

Lorsque, en août 1590, Cheverny reçoit à Esclimont une lettre de la main du nouveau roi lui demandant « de l'aller assister et servir en son administration de ses affaires et au rétablissement de cet état », le bonhomme, quoique la lettre lui fût apportée par son beau-frère Jacques-Auguste de Thou, se trouve pris de court ; la table de roulette est devant lui, que choisir, ou plutôt qui choisir ? En ses *Mémoires*, il ne manque pas de noter ses hésitations, ne cachant pas son attachement pour le parti des Guises et leur nouveau chef, le duc de Mayenne, qui, de son côté, lui fait presque tous les jours les propositions les plus alléchantes. Il ne dissimule guère qu'il ne croit nullement au succès d'un monarque protestant qui a la France presque entière contre lui. Plusieurs mois de tractations… Enfin Cheverny se décide, il fait allégeance à Henri IV. Il prend « la meilleure résolution qui était de servir le Roy que Dieu m'avait donné pour maître par vraie et légitime succession ; vu même que ce scrupule de religion, qui seul retenait beaucoup de gens de bien, était couvert par l'assurance que Sa Majesté dit à tout le monde et à moi en particulier qu'il voulait se faire instruire en la religion catholique, mais non qu'on l'y ait forcé[22] ». Cheverny serait ainsi attaché au principe de légitimité monarchique. C'est en

1590 qu'Isabelle Babou, marquise de Sourdis, devient la maîtresse du chancelier, âgé alors de soixante-cinq ans, dans les mêmes semaines où Henri IV s'éprend de Gabrielle. Dès lors, la favorite, dûment conseillée par ce vieux routier des affaires politiques qu'est Cheverny, agit pour se constituer un parti, à partir du clan familial.

Nombre des biographes de la marquise de Montceaux insistent sur les relations amicales qu'elle entretient avec les huguenots. Certes, elle est, on l'a vu, en affaires avec Duplessis-Mornay. Ils auraient entretenu une correspondance chiffrée. Certes, elle est très épargnée par Agrippa d'Aubigné, pour lui « l'extrême beauté de la dame Gabrielle d'Estrées ne sentait rien de lascif ». On lui attribue avec générosité et sans grandes preuves la conversion d'Henri, mais celle-ci est souhaitée par tous les Politiques qui ont reconnu en lui le souverain légitime, comme Cheverny s'en explique assez bien. On lui attribue avec la même générosité l'édit de Nantes – elle aurait poussé le roi à accorder aux protestants ce traité de pacification qu'ils attendaient depuis que le roi de Navarre est devenu roi de France. Il n'existe pas de traces de son influence sur ce texte majeur sinon que, pour l'attirer de leur côté, les huguenots lui ont fait don d'une bonne grosse somme, on le sait[23].

La marquise entretient quelques amitiés avec des protestants de bon lignage, la jeune Charlotte-Brabantine de Nassau, duchesse de Thouars, la princesse d'Orange, peut-être même le duc de Bouillon. Quelques biographes avancent que les huguenots soutiendraient sans doute César comme héritier du trône dans le cas du décès d'Henri IV. La favorite s'efforce d'en élargir le cercle, avec, par exemple, Jean de Harambure et d'autres officiers des nombreux apanages de César, en Bretagne, en Vendômois, en Lyonnais, liés par leur fonction à Gabrielle et à son fils aîné, que la duchesse rallie ouvertement à sa cause. Harambure, huguenot très proche d'Henri de Navarre devenu Henri IV, est nommé gouverneur de Vendôme. Tutrice de son fils auquel Catherine de Bourbon a cédé le duché, c'est la favorite qui le recommande aux édiles de Vendôme en les invitant à rendre « tout respect, honneur et obéissance » à leur nouveau gouverneur, dont ils ne peuvent qu'attendre « un bon et doux traitement » ; elle ajoute à la missive cette remarque qui suggère à quel point, malgré ses angoisses et ses mauvais pressentiments, elle se conçoit déjà comme une reine :

« Je lui ai aussi accordé la capitainerie du château, qui doit vous être témoignage comme, en mon particulier, je l'estime ; et si je n'avais pas la grande connaissance de son mérite, je me serai opposée à son établissement*. »

Un clan familial, des appuis plutôt dispersés, une très grande fortune… Cela ne suffit pas pour être reine de France, tant les Français sont révulsés à l'idée d'un monarque épousant sa favorite, sa « putain ». Il faut d'autres appuis, d'autres alliés. Gabrielle les cherche auprès des nobles puissants appartenant à des lignages immémoriaux. Regardons-la agir lors du décès de Louise de Budos. Celle-ci est l'épouse du connétable de Montmorency et, de surcroît, l'une des plus jolies femmes de la Cour. Le connétable, déjà passablement âgé, l'a ramenée du Languedoc dont il est le gouverneur. Dans les élites, on a été quelque peu étonné de ce remariage car la jeune femme, tout en étant d'un bon lignage, ne se situe pas dans les hauteurs immémoriales de celui des Montmorency. Henri lui-même s'en étonne et s'en amuse, presque offusqué de n'avoir pas été consulté sur cet événement capital qu'est le mariage pour un grand du royaume : « Le bruit court ici que M. de Montmorency s'est marié à une demoiselle du Languedoc. Je n'en ai point de nouvelles. » Des rumeurs étranges circulent sur le

* Le 3 avril 1598 à Angers, Henri IV fait en grande pompe donation à son fils César du duché de Vendôme avec le droit d'en porter le titre et le nom. Le roi promet de le remembrer car des terres avaient été vendues, et s'engage à payer toutes les dettes dont le fief est grevé. Catherine de Bourbon, selon les volontés de Jeanne d'Albret, sa mère et celle d'Henri, détenait cet ancien apanage de la maison Bourbon. La sœur du roi cède donc ses droits à César Monsieur alors qu'elle n'a pas grande sympathie pour la duchesse de Beaufort. La raison demeure mystérieuse, mais la conclusion de l'édit de Nantes approche et, chez les huguenots, l'on juge que la favorite a œuvré pour que s'accomplisse cette paix religieuse. D'autre part, Henri IV a réuni au domaine royal ce duché lors de son accession à la couronne, il faut donc l'accord du Parlement pour que soit effective cette donation, ce qui ne pose aucun problème. Il est spécifié dans la donation que si César meurt sans enfant, le duché de Vendôme reviendra aux autres enfants, de préférence mâles, d'Henri IV et de Gabrielle.

Comme on le sait, la favorite, en tant que tutrice de César, nomme les officiers de police et de finance des régions dont le petit garçon est apanagé – le duché de Vendôme –, et de celles dont il est gouverneur – Bretagne, Lyonnais, La Fère.

compte de la jeune épousée. Tallemant des Réaux, dans ce recueil d'*Historiettes* souvent utiles aux historiens malgré leur méchanceté, prétend que la belle Louise, pour devenir Mme la Connétable, s'est vendue au diable. Le bruit court également pour la duchesse de Beaufort, nous en reparlerons. Le truchement de ce pacte satanique est un dénommé César qui se dit magicien et que l'on retrouve au siècle suivant souvent emprisonné pour magie et fausse monnaie. Une autre anecdote est rapportée par Sully. Quelques jours avant sa mort, recevant quelques amies, Louise est avertie de la présence dans sa chambre d'un homme grand, présentant bien mais de teint et de pupille très noirs. Quoique la connétable ait demandé qu'il se retire, l'individu demeure, exigeant de parler à Louise ; celle-ci, le visage effrayé, prend congé de ses dames et, les larmes aux yeux, leur annonce sa mort prochaine[24].

À la fin du mois de septembre, Louise se trouve à Chantilly. Elle est enceinte et tombe gravement malade. Gabrielle, qui semble lui porter quelque amitié, écrit au connétable pour exprimer sa compassion :

> « Monsieur, j'ai su aujourd'hui la malaise de madame votre femme, dont j'ai reçu un si extrême déplaisir que ces paroles ne sauraient l'exprimer. Je n'ai voulu demeurer plus de temps sans envoyer savoir de ses nouvelles, et n'osant de peur que mes lettres lui portassent peine, lui en faire voir, je vous supplie humblement ne trouver mauvais si l'extrême désir que j'ai d'apprendre que sa santé est bonne, me fait, vous supplier de commander à quelques-uns des vôtres de m'en vouloir mander. En attendant, je prierai continuellement la divinité qu'il les rende telles que je les désire et qu'il me donne les moyens que j'en ai de volonté de vous faire humble service, et témoigner que je suis, Monsieur, votre très humble et affectionnée à vous faire service. G. d'Estrées[25]. »

Henri, très affecté également car il est en étroite sympathie avec « son compère », ainsi nomme-t-il familièrement le connétable, dépêche son médecin du Laurens au chevet de Louise. Inutile puisque la jeune femme meurt, dans d'atroces souffrances, le visage défiguré par une crise d'éclampsie. Gabrielle reprend alors sa plume et adresse ses condoléances à Montmorency. La missive de la favorite est pour le moins étrange :

« Monsieur, étant si étroitement liée à l'honneur de votre alliance, ne doutez point, ainsi je vous supplie, que je ne participe de même à tout ce qui peut vous apporter du contentement ou du déplaisir. J'ai ressenti ce dernier avec plus de violence que n'a fait nulle de celles qui vous ont voué du service, et je voudrais vous en rendre preuve en cet accident par la perte de la moitié de ma vie. Mais je sais bien que ces plaintes apporteraient de nouveaux ressentiments à votre mal au lieu de le diminuer selon mon désir. Je m'en tairai pour vous supplier, Monsieur, de croire que rien au monde ne peut être si assuré que mon très humble service. Je vous promets de vous voir bientôt en cette maison et, en l'attendant, je vous baiserai les mains en toute humilité[26]. »

Humilité feinte ou réelle, servilité presque, exagération à la limite de l'invraisemblable (« la perte de la moitié de ma vie »), la duchesse de Beaufort manque de toute évidence de sincérité. Cherche-t-elle en ces moments tragiques pour le connétable à le rallier à la cause du mariage avec le roi ? En ce cas, elle en fait beaucoup, beaucoup trop, ce qui paraît étonnant de la part d'une femme habile, raisonnable et « bonne ménagère ». Cette missive excessive révèle chez Gabrielle non seulement un style d'écriture pesant et ampoulé, mais encore une aptitude (feinte ou réelle ?) à flatter les puissants du royaume. Impossible de penser, comme le fait Inès Murat, que s'inscrit en filigrane de cette lettre l'expression inconsciente de la tragédie qui l'atteint quelques mois plus tard[27].

Lorsque le roi se trouve en 1598 à la dernière extrémité, Gabrielle est prise de panique. Certes, elle s'est entourée d'un mur protecteur de hautes personnalités, mais elle n'en est pas moins parfaitement consciente de la haine et du scandale qu'elle provoque. Si le souverain meurt, que deviendront ses enfants, bâtards légitimés, certes, mais relégués aux lisières du pouvoir par le successeur Bourbon d'Henri, le jeune Henri de Condé ? Elle s'imagine écartée de la Cour, elle se représente la satisfaction aigre-douce de ces dames de haut lignage. Désemparée, elle se tourne vers Montmorency que le malheur vient de frapper comme il aurait pu l'atteindre alors qu'elle est presque arrivée au sommet de sa quête ambitieuse :

> « Je ne vous dirai point que ce n'ait été avec sujet que vous avez été en peine du roi, car pour deux jours il a été extrêmement mal. Il en est, Dieu merci, à cette heure, au retour, avec un extrême désir de vous voir. Je me promets que nous posséderons cet heur-là mardi et moi particulièrement celui de vous assurer de mon bien humble service, que je vous ai voué avec tant d'affection que je désire rien avec tant de violence que de pouvoir vous le témoigner. Attendant l'honneur de votre présence, après avoir baisé vos mains en toute humilité, je vous supplierai de me croire, Monsieur, votre très humble et affectionnée à votre service[28]. »

Que d'humilité énoncée, répétée, affichée… Décidément Gabrielle cherche à se concilier les bonnes grâces du vieux connétable. Cette femme, malgré sa beauté, malgré ses enfants, malgré ses alliés, malgré les protestations d'amour de son amant, se sent terriblement vulnérable et sûrement très seule. Évitons cependant de projeter sur elle des sentiments trop contemporains. Elle joue un jeu dangereux, elle vise une position dont elle sait que peu dans le royaume désirent qu'elle y parvienne, elle s'abaisse pour mieux convaincre.

D'autant que, alors même qu'Henri lui prodigue honneurs et faveurs, elle ne peut ignorer les agissements de son entourage : Villeroy, Sully, Sancy et le connétable s'élèvent contre ce mariage éventuel, le roi expédie des ambassadeurs en Italie, Villeroy puis Sillery, avec des instructions confuses. S'agit-il de presser le pape de dissoudre l'union avec Marguerite de Valois et d'accepter le mariage avec Gabrielle ? S'agit-il, puisque ses ambassadeurs passent par Florence, de négocier un projet matrimonial avec Marie de Médicis, nièce du grand-duc de Toscane ? Le roi paraît partagé entre sa maîtresse et ses conseillers ; il ne décide rien, comme s'il adoptait une attitude de fatalisme, voire de « machiavélisme » plus ou moins conscient. C'est un comportement que ses familiers lui connaissent, il laisse les choses se faire, espérant en un signe du destin[29].

La duchesse de Beaufort pressent ces incertitudes, cette indécision. Bien qu'elle devine que le dénouement est proche, elle œuvre pour orienter le processus dans un sens qui lui serait favorable. Ainsi, Henri, probablement sur ses sollicitations, confie à Brulart de Sillery l'ambassade romaine destinée à obtenir son divorce d'avec Marguerite de Valois. La favorite se fait du diplomate un allié en l'achetant purement et simplement avec une bonne grosse somme et en lui promettant après la mort de Cheverny, déjà fort âgé, la fonction ô combien considérable de chancelier. Sillery devient dès lors l'un des fervents de la favorite[30]. Mais il y a davantage : les tractations de Gabrielle avec le duc de Savoie, auquel elle promet l'obtention du marquisat de Saluces, modeste enclave au pied d'une colline entre le Pô et la Varaita, territoire français illégitimement occupé par le duc de Savoie profitant des guerres civiles dans le royaume. La duchesse de Beaufort fait donc savoir à Charles-Emmanuel de Savoie qu'il aura la dévolution légale du marquisat sans contrepartie s'il soutient l'annulation du mariage en cour de Rome. Le duc, empli de reconnaissance car ce minuscule territoire est stratégiquement important pour la circulation dans ses États, accorde à la favorite un superbe bijou de plus de 6 000 écus et envoie à son fils César Monsieur un cordon de chapeau estimé à 2 000 écus. Jolis cadeaux de la part d'un duc ennemi mortel de la France qui s'est considéré un moment comme un successeur possible d'Henri III et de surcroît allié de l'Espagne. La duchesse, pour réaliser son ambition, pour obtenir au plus vite l'annulation canonique du mariage de son amant, intervient dans la politique royale de manière désastreuse. C'est presque un délit de haute trahison[31].

*
* *

Enfin, Sillery prend le chemin de l'Italie au cours du mois de février 1599, mais il ne s'occupera pas seulement du démariage, il passera par Florence pour demander un nouveau portrait de Marie de Médicis. Il se chuchote dans les cours princières que la demoiselle est « si grasse qu'elle n'aurait pas d'enfant », un nouveau portrait est donc nécessaire. Les ambassadeurs, espions étrangers, florentins, vénitiens n'accordent aucune valeur à cette démarche, estimant qu'il s'agit d'une nouvelle ruse du roi pour accélérer son divorce et avancer son nouveau mariage[32].

Des obstacles de dernière heure surgissent, qui sont le fait de Marguerite de Valois. On se souvient qu'elle avait accepté de signer une procuration qui produisait les arguments nécessaires à l'annulation, à savoir consanguinité, contrainte exercée sur Margot par sa mère et par son frère le roi Charles IX, et stérilité. Est-ce désir de faire monter les enchères en demandant au roi de nouveaux subsides ou répulsion d'une fille de France à l'égard d'un mariage qu'elle trouve inconvenant ? Difficile de trancher ! Après la mort de Gabrielle, Marguerite signe sans barguigner la procuration et l'annulation pontificale est prononcée le 17 décembre 1599 avec une rapidité déconcertante !

Incertitudes donc que le roi fait cesser le 2 mars 1599, le jour du mardi gras, en annonçant à la Cour sa volonté d'épouser Gabrielle, à nouveau enceinte de quelques mois. Les noces, dit-il, se feront à Quasimodo, soit un mois plus tard. En guise de bague de fiançailles, il donne à la duchesse l'anneau du sacre orné d'un diamant taillé en table, auquel il ajoute un plat d'or sur lequel il a reçu les clefs de Calais et diverses pièces d'orfèvrerie, cadeaux des villes de Lyon et de Bordeaux.

On met sur le métier la robe nuptiale, en velours cramoisi aux couleurs de la reine. L'ameublement de la future chambre de Gabrielle au Louvre se constitue dans l'hôtel de Mme de Sourdis. La pièce sera tendue de soie cramoisie.

La presque reine qui déclare qu'« il n'y a plus que Dieu ou la mort du roi pour m'empêcher d'être reine de France » n'en est pas moins angoissée. Elle attend à nouveau un enfant, la grossesse est moins facile que les précédentes. Les horoscopes qu'elle fait tirer ne sont pas favorables. Le devin piémontais Pisacassa prédit que « jamais le mariage ne se ferait voire bien que la duchesse ne verrait point le jour à Pâques ».

L'opinion publique redouble d'hostilité à l'égard de la favorite. Le 1er mars dans la matinée, étant à Montceaux dans la serre des orangers, Henri découvre un pamphlet fiché sur le tronc d'un de ces arbustes :

Mariez-vous, de par Dieu, Sire !
Votre lignage est bien certain :
Car un peu de plomb et de cire
Légitime un fils de putain.

Putains, dont les sœurs sont putantes
Comme fut la mère jadis
Et les cousines et les tantes
Hormis Madame de Sourdis.

Il vaudrait mieux que la Lorraine
Votre royaume eût envahi
Qu'un fils bâtard de La Varenne
Ou fils bâtard de Stavahi[33].

Ce poème injurieux déclenche la fureur d'Henri : « Ventre-saint-gris ! Si j'en tenais l'auteur, je ne le ferais pas enter sur un oranger mais sur un chêne ! »

Pourtant, le roi s'est enfin décidé : il épousera Gabrielle à Quasimodo, quelles que soient les négociations florentines et la levée des boucliers nobiliaires et populaires. Il espère ardemment que le parti constitué patiemment autour de la duchesse et de ses enfants sera, au cas où il mourrait, suffisamment puissant pour contenir les appétits des grands féodaux et éviter de nouveaux affrontements. La guerre civile n'aura pas lieu, c'est Gabrielle qui disparaît de la scène des passions politiques.

Chapitre VII

LES LAURIERS SONT COUPÉS

En cette année 1599, le jour de Pâques tombe le 11 avril. Le confesseur du roi, René Benoist, ancien curé de Saint-Eustache, l'un des premiers à se détacher de la piétaille ensoutanée et ligueuse et à rejoindre les Politiques de Paris, officie pour l'heure à Fontainebleau où se trouve le roi et le prépare pour la semaine sainte. Connaissant l'effervescence provoquée par le prochain mariage d'Henri et de la favorite, il demande au souverain de se séparer de sa maîtresse durant le temps de Pâques. Certains biographes de Gabrielle d'Estrées suggèrent que la séparation est provoquée consciemment par les adversaires du mariage, qui espèrent en cette semaine de solitude respective pousser leur avantage – faire renoncer Henri à l'union projetée et faire avancer le mariage florentin. René Benoist aurait-il été circonvenu pour agir de la sorte ? Ce n'est pas chose impossible, les Politiques, gentilshommes ou robins, se sont tellement battus pour que le prince légitime parvienne au trône de France qu'ils ne peuvent accepter que ce même roi salisse, en épousant sa maîtresse, la monarchie dont il est le symbole.

Le 5 avril, Henri accompagne donc à Melun la duchesse, qui est très lasse. Cette grossesse, on le sait, est difficile ; à quelques semaines de l'accouchement, elle prendra le lendemain le coche d'eau de Corbeil à Paris, ornières et cahots lui seront ainsi évités. Les deux amants se font des adieux passionnés. Toujours en proie à de mauvais pressentiments, Gabrielle sanglote, s'accroche à Henri comme si elle devait ne jamais le revoir. De son côté, le roi est violemment ému. Entre deux crises de larmes, elle recommande à son amant « son César, son Henriette, son Alexandre, ses bâtiments de Montceaux et ses pauvres serviteurs ». Rosny, futur duc de Sully, raconte cette scène dans ses *Mémoires*. Peut-être en rajoute-t-il, revivant cet épisode quelques années après la mort de la duchesse. D'autres chroniqueurs, dont Bassompierre, ont également constaté le désarroi de Gabrielle, tel qu'il fallut l'intervention de quelques robustes gaillards au sang bleu, d'Ornano, Roquelaure, pour séparer le couple enlacé[1].

Le mardi saint, vers trois heures de l'après-midi, la grosse barque accoste aux portes de l'Arsenal, où demeurent Diane, la sœur de Gabrielle, et son mari, le maréchal de Balagny*. En compagnie de la duchesse de Guise et de sa fille, de Mme de Retz et de ses filles, ils reçoivent la voyageuse. Malgré quelques heures de repos, elle est très fatiguée et l'angoisse de se retrouver à Paris sans la protection du roi ajoute à son mal-être. Puis, à pied, elle se rend rue de la Cerisaie, entre l'énorme Bastille et le monastère des Célestins, chez Zamet qui a fait dresser pour elle un fort beau souper. Sébastien Zamet est l'un de ces aventuriers italiens comme la France en connaît beaucoup. Selon la légende, il a débuté comme cordonnier d'Henri III, mais, en réalité, à son arrivée en France aux alentours de 1575, il travaille dans une banque de Lyon et s'occupe des affaires de la sœur d'Albert de Gondi, maréchal de Retz. La banque conduit Zamet vers la finance et, en particulier, la finance la plus juteuse, celle d'État. Dès 1582, il s'associe à un autre Italien, Raphaël Martelli, et obtient l'adjudication de la ferme du sel, à savoir des impôts royaux sur le sel ou gabelle. Plus tard, en 1584, il s'associe avec le banquier Jérôme Gondi, cousin du maréchal de Retz, et obtient le bail des cinq grosses fermes qui regroupent plusieurs impôts indirects levés par la monarchie. Sa fortune devient, on le devine, considérable. Il s'affirme comme l'homme indispensable des princes et des courtisans, prêtant sans rechigner à qui le lui demande pourvu qu'il appartienne aux cercles du pouvoir. Ainsi, il fournit à Henri IV les sommes gigantesques que le souverain a coutume de perdre au jeu. Pourtant il hésite quelques années avant de

---

* Jean de Monluc, sire de Balagny, est le fils naturel de Jean de Monluc, évêque de Valence. Il s'attache à François d'Alençon, frère de Charles IX et d'Henri III, qui le fait gouverneur de Cambrai en 1581. Il a pris le parti de la Ligue, mais, par l'intermédiaire de sa femme, Renée de Clermont, il négocie sa paix avec Henri IV qui le nomme maréchal de France en 1594 et lui laisse son gouvernement de Cambrai. Cette ville est prise, en 1595, par les Espagnols, ce qui fait mourir sa femme de honte. Quelques mois plus tard, il épouse Diane, la sœur de Gabrielle d'Estrées.

se décider à embrasser le parti du Béarnais, ce qu'il fait seulement en 1593. Le Bourbon ne lui en garde pas rancune, d'ailleurs il a trop besoin de lui. Bien au contraire, il fait de lui son ami, le nommant familièrement Bastien et utilisant sa demeure comme tripot et même maison de passe. L'homme, convivial, généreux, beau parleur et épris de fêtes et de bien vivre, est devenu une figure de la Cour. Il loge donc rue de la Cerisaie dans un hôtel particulier dont le cadre est luxueux et les jardins savamment agencés ; souvent Henri et Gabrielle passèrent la nuit chez Zamet[2].

La duchesse monte ensuite en litière et se fait porter, non chez sa sœur qui réside à l'Arsenal, donc tout près, mais au doyenné de Saint-Germain-l'Auxerrois où demeure sa tante Mme de Sourdis. Celle-ci est absente, étant avec son mari en pays chartrain. La duchesse de Beaufort apprécie l'hôtel de Sourdis, elle « s'y retirait volontiers pour être plus libre en ses affaires et en son plaisir ». Cette belle maison se trouve entre le Louvre et l'église Saint-Germain-l'Auxerrois, près de la rue des Poulies, dans le vaste préau qui entoure l'église et que l'on appelle le « Cloître ». C'est un lieu tranquille, à l'écart des bruits de l'énorme Paris, hors les dimanches où nombreux sont les fidèles qui viennent y écouter la messe[3]. Quelle que soit la paix de ce bel endroit, Gabrielle demeure avec son anxiété au point qu'elle écrit à sa tante Sourdis de rentrer au plus vite à Paris. Certains des biographes de la favorite, soucieux de rajouter une touche d'émotion, soulignent qu'elle sent son prochain enfant remuer dans son ventre. Cette marque de la vie à venir ne produit pas l'effet attendrissant des jeunes mères caressant leur giron fécond, mais, bien au contraire, aggrave son appréhension et peut-être son sentiment de solitude.

Le lendemain, mercredi saint, la duchesse se rend en carrosse à la chapelle du Petit-Saint-Antoine pour entendre les fameux offices des Ténèbres. Chantés par des musiciens réputés, ils attirent le tout-Paris. Elle est accompagnée de quelques archers, des princesses de Lorraine, la duchesse de Guise et sa fille. Le temps est très beau, très chaud même pour un début d'avril, la chapelle s'est emplie de monde épris de belle musique, mais surtout curieux de contempler la presque reine. Aussi la duchesse a-t-elle ce jour-là soigneusement choisi ses toilettes et ses bijoux, car elle sait qu'elle sera l'objet de toutes les attentions quoique le clergé de Saint-Antoine, attentionné, ait réservé pour

Gabrielle et sa suite une chapelle particulière. Ainsi, elle ne risque pas d'être trop exposée à la vue de gens dont elle connaît la haine et le mépris. Selon le colonel Henri Carré, qui semble s'y connaître aussi bien en parures féminines qu'en uniformes, elle est revêtue d'une « sobre toilette de taffetas noir et blanc à bandes alternatives, et d'une simple toque de velours noir[4] ». Ce que néglige le colonel, c'est la montagne de bijoux dont s'est parée la favorite. À son cou, on lui a agrafé « un grand carcan contenant seize pièces, à sept desquelles sont représentées les planètes, enrichies chacune d'elles de quatre rubis et quatre diamants, et les huit autres pièces enrichies d'un rubis et quatre perles, et, sur la seizième pierre au milieu du carcan est représenté un Jupiter entouré de quatorze diamants ». La sobre toque de velours noir est surchargée de diamants, de perles, de rubis dont nous épargnerons l'inventaire au lecteur. Au doigt de Gabrielle, ses voisins de messe aperçoivent peut-être le fameux diamant du sacre offert par Henri IV.

Durant la cérémonie qu'elle suit au côté de Mlle de Guise, elle lui montre des lettres reçues récemment de Rome qui lui indiquent « que ce qu'elle désirait serait bientôt achevé ». Admettons que la phrase est ambiguë et que Gabrielle ne doit pas être aussi dépressive qu'on le dit et qu'on l'a écrit pour y lire un présage positif quant au procès en démariage du roi. Elle lui donne à voir également deux billets enflammés qu'Henri lui a fait parvenir.

Au sortir de l'office, la duchesse se rend chez Zamet qui l'a conviée pour un nouveau souper. Il semble que ce soit en cette fin d'après-midi qu'elle s'entretient avec Sully, puis avec son épouse. Certains biographes situent cet entretien le matin, il aurait eu lieu alors à l'hôtel de Sourdis. Des propos échangés, nous ne savons que ce que Rosny, devenu duc de Sully, en ses mémoires modestement intitulés *Les Royales Œconomies,* veut bien livrer à la postérité : il dit en substance que la duchesse se montre à son égard d'une amabilité ébouriffante, lui promettant monts et merveilles, « si je voulais bien me relâcher sur la sévérité des conseils que je donnais au roi ». Il ajoute : « Aussi peu touché des chimères dont cette femme se remplissait que de celles dont elle cherchait à me remplir, je feignis de ne rien entendre d'un discours aussi intelligible. » Le bon Sully écrit après la mort de Gabrielle. Soyons sûrs qu'il aura affiché son ordinaire attitude de courtisan dévoué et respectueux envers celle qui pourrait être la future reine[5].

Gabrielle soupe donc chez Zamet où elle mange un citron ou un cédrat ou une orange dont le goût lui semble amer. La soirée est chaude, elle désire se promener dans ces jardins emplis de charme et de mystères ; là, elle est atteinte d'un foudroyant malaise, « une forme d'apoplexie » accompagnée d'un « violent feu au gosier » et « de furieuses tranchées à l'estomac »[6]. Elle exige opiniâtrement d'être ramenée au cloître Saint-Germain et, au retour de son laquais de Chartres, où se trouvait Isabelle de Sourdis, elle en dépêcha un autre, conjurant sa tante de venir la retrouver, si « elle désirait la voir vive ».

Cette première crise, pour violente qu'elle soit, est de courte durée et s'apaise dans la nuit. Le lendemain, jeudi 8 avril, la jeune femme trouve le courage de se lever et de se faire habiller pour aller entendre la messe à l'église toute proche de Saint-Germain-l'Auxerrois. Elle dîne quelque peu, puis elle est saisie d'une immense lassitude qui la force à regagner son lit. Vers quatre heures, les contractions de l'accouchement se manifestent, accompagnées de convulsions et de mouvements spasmodiques qui l'épuisent et affolent son entourage. Vers huit heures du soir, ses tourments s'apaisent, et ce répit donne à la duchesse la force d'envoyer un courrier à Fontainebleau au roi qui sera suivi de deux autres pour l'avertir de la gravité de son état. Henri donne aussitôt l'ordre de seller ses coursiers et envoie en éclaireur son valet de chambre Béringhen. Le souverain est fort inquiet. Forget en écrit à la hâte à Montmorency :

> « Monseigneur, nous avons eu ce matin une grande alarme par quatre courriers qui sont arrivés l'un après l'autre, qui nous apportent l'extrémité de la maladie de madame la duchesse, comme d'une apoplexie, de sorte que les médecins doutèrent fort de sa santé. Le roi s'y en est couru, et a commandé d'attendre ici de ses nouvelles ; que si elle se porte bien, qu'il reviendra demain, sinon qu'il nous mandera. Je vous assure qu'il est parti fort affligé comme nous le sommes tous ici. Promptement, ce vendredi 9 avril 1599[7]. »

Justement, ce vendredi saint 9 avril, Gabrielle endure d'abominables souffrances. Totalement raidie, elle est devenue sourde et aveugle.

Vers deux heures de l'après-midi, une « grande évacuation de sang » se produit. Cette hémorragie décide les médecins à hâter l'accouchement. La sage-femme Dupuis, réputée pour son habileté dans l'art de faire naître les enfants, tire un garçon « à pièces et lopins » du ventre de la favorite[8].

Les témoins sont horrifiés par la transformation physique de Gabrielle : son visage est devenu noir, les convulsions ne cessent pas, elle se griffe et se déchire, la tête « tournée presqu'en arrière », alors que les médecins, ignorants de ce qui pourrait être une crise d'éclampsie, tentent de la soulager selon les moyens du temps, saignées et clystères. Enfin, le samedi 10 avril, la mort met un terme à ces atroces souffrances, la belle Gabrielle n'est plus qu'un cadavre hideux que l'on ne peut regarder qu'avec difficulté. Il est environ cinq heures du matin.

Le bruit de la maladie puis de l'agonie de la duchesse s'est répandu dans Paris. À l'hôtel de Sourdis où la malheureuse lutte puis succombe, la domesticité est d'autant plus désemparée que la maîtresse des lieux, Isabelle de Sourdis, n'arrive que le samedi à deux heures après midi. Les chroniqueurs racontent que les curieux ont envahi la demeure de la mourante et contemplent avec horreur cette femme hier encore si belle devenue un monstre. On n'a pas pu lui administrer les derniers sacrements tant les convulsions ravageaient son corps. Comme elle avait communié le jeudi saint, elle n'est pas en état de péché mortel. Ils content encore que Mlle de Guise s'évanouit devant la mourante comme le fait quelques heures plus tard Isabelle de Sourdis devant la morte. Épisode atroce, mais les biographes de Gabrielle veillent à n'en omettre aucun ; celui de Mme de Martigues, assise près du cadavre et récitant benoîtement son chapelet, tout en faisant glisser dans ses jupes les bagues de la défunte ; il y a une morale puisqu'« une demoiselle de la religion », entrant dans la chambre mortuaire, la surprend et la contraint à restituer les bijoux[9]. Autre attitude immonde, celle du valeureux Antoine d'Estrées qui, avec le sang-froid des grands guerriers, fait déménager à grand renfort de chariots tous les meubles appartenant à sa fille dans l'hôtel de Schomberg qu'habita (fort peu) la favorite.

Gabrielle d'Estrées, défigurée, tordue, repose en ce samedi saint dans le lit « de velours cramoisi passementé de passement d'or » qu'elle devait faire installer dans sa chambre de reine, au Louvre. Henri, qu'elle aurait tant voulu voir auprès d'elle dans son agonie, n'est pas venu. La favorite est morte dans la solitude sans même sa tante arrivée trop tard de Chartres. En ville, on murmure que le diable n'est pas étranger à cette fin si terrible et si semblable à celle de Louise de Budos, la connétable de Montmorency. Le médecin La Rivière qui se trouve au nombre des soignants de la duchesse déclare : *« Hic est manus Domini »*, ce qui signifie presque la même chose.

Henri, on s'en souvient, est averti le vendredi de la gravité de l'état de la duchesse. Il se prépare à gagner Paris et expédie son valet de chambre pour le précéder. Le roi s'avance à grand galop vers la capitale. À Juvisy, il rencontre non seulement le secrétaire d'État Bellièvre, qui possède une maison en ces parages, mais encore Bassompierre et d'Ornano qui lui annoncent la mort de la duchesse. Or celle-ci, on le sait, est encore de ce monde. Les trois hommes persuadent le roi de ne pas aller auprès de la favorite ; Bellièvre lui aurait dit « tout le tort qu'il ferait à sa réputation et que ses actions sont vues de tout le monde ».

Cet épisode qui se situe le vendredi, peu après midi, comporte quelques lambeaux de mystère. Certains témoins notent que Gabrielle est décédée le vendredi saint. Voici ce que raconte Bassompierre :

> « Elle resta dans cet état-là toute la nuit et le lendemain, qu'elle accoucha d'un enfant mort, et le vendredi saint à six heures du matin elle expira. Je la vis en cet état le jeudi après-midi, tellement changée qu'elle n'était pas reconnaissable. Le vendredi saint, comme nous étions au sermon de la Passion à Saint-Germain-l'Auxerrois, La Varenne vint dire au maréchal d'Ornano que Madame la duchesse venait de mourir, et qu'il était expédient d'empêcher le roi de venir à Paris, lequel s'y acheminait en diligence et qu'il le suppliait d'aller au-devant de lui pour l'en divertir[10]. »

Agrippa d'Aubigné, Pierre de Lestoile, Rosny, Palma Cayet s'accordent pour reconnaître que Gabrielle est morte le samedi à l'aube.

Pourquoi donc d'Ornano, Bassompierre et Bellièvre, prévenus par La Varenne, empêchent-ils le roi de venir auprès de sa maîtresse* ? Bassompierre ment-il carrément dans ses mémoires sur le jour de la mort ou, écrivant plusieurs années après, commet-il quelques confusions ? Il est vrai que La Varenne est venu le chercher à l'église pour lui annoncer le prétendu décès.

Plusieurs hypothèses sont dès lors avancées. Sully pense que l'on a voulu épargner au roi le spectacle atroce des derniers moments de la duchesse :

> « La Varenne jugea qu'il était plus à propos de lui mander, par un second billet, qu'elle était morte, que d'exposer ce prince à un spectacle aussi accablant et aussi révoltant en même temps que celui de voir une femme que l'on a tendrement aimée, expirer dans des agitations, des convulsions et des saisissements qui ne lui laissaient rien d'humain sur le visage[11]. »

Des biographes d'Henri estiment que, sur le chemin de Paris, le roi, ayant rencontré Bellièvre, d'Ornano et Bassompierre, se laisse convaincre de ne pas continuer sa route. Raymond Ritter, l'auteur de *Charmante Gabrielle,* raconte que le roi se laisse convaincre par les propos de Bellièvre, l'assurant qu'il serait mal vu de l'opinion populaire d'accourir au chevet de la favorite. En fait, toutes ces considérations sont oiseuses. On écarte le souverain de Gabrielle agonisant de crainte que le roi, pris de compassion, ne fasse venir un prêtre pour célébrer *in extremis* ces noces dont la duchesse avait tant rêvé, ce qui, du coup, aurait fait de ses enfants de légitimes enfants de France et de César l'héritier présomptif selon les lois du royaume[12].

Malgré la douleur qu'il manifeste, sincère à coup sûr, Henri, de retour à Fontainebleau, retient auprès de lui Bassompierre parce qu'il

---

* François de Bassompierre est le fils de Christophe, d'une famille lorraine d'abord de sensibilité ligueuse, puis ralliée à Henri IV. Le jeune François fait alors ses débuts à la Cour.

Alphonse d'Ornano, maréchal de France depuis 1595, est également général des mercenaires corses.

Pomponne de Bellièvre, sire de Grignon, est président au parlement de Paris depuis 1579. Il devient chancelier en 1599, après la mort de Cheverny.

est l'un des derniers à avoir vu Gabrielle. Cependant, les choses matérielles ne sont pas tout à fait reléguées par la souffrance. Le dimanche de Pâques, soit le lendemain de la mort, le valet de chambre Béringhen arrive à Fontainebleau en remettant au roi la liste des bijoux trouvés en l'hôtel de Sourdis et que, quelques mois plus tard, Henri fera remettre « à sa très chère et très aimée future épouse, la princesse Marie », afin d'épargner autant de dépense.

On procède le jour même à l'autopsie. Les officiants trouvent « le poumon et le foie gâtés, une pierre en pointe dans le rognon et le cerveau offensé ». Ils disent qu'une des causes du mal pourrait être un citron mangé chez Zamet, mais ils s'accordent sur l'apoplexie comme raison principale de cette mort. Gabrielle elle-même, en ses malaises, parla d'un possible empoisonnement. Agrippa d'Aubigné, sans s'attarder lourdement, note cependant :

> « Elle vint de Saint-Antoine pour se rafraîchir chez Zamet, où ayant mangé d'un poncire, comme quelques-uns veulent, et les autres d'une salade, elle sentit en même temps un tel feu au gosier, des tranchées à l'estomac si furieuses, qu'ayant passé le vendredi en douleurs horribles, le samedi matin, le mal la rendit hideuse et méconnaissable à tous ses domestiques et ses parents, la tête tournée presque devant derrière[13]. »

Nous évoquerons plus après l'énigme de la mort de la duchesse.

*

* *

Le samedi 17 avril, ses funérailles sont célébrées suivant le cérémonial réservé aux princesses du sang. Durant quatre jours, l'effigie de Gabrielle reste exposée dans le vestibule de son hôtel particulier, celui racheté à Schomberg, rue Fromenteau. Elle est assise sur le grand lit qu'elle avait commandé pour sa chambre de reine au Louvre. L'effigie porte un masque de cire, modelé sur sa face et surmonté de la couronne ducale. Elle est revêtue d'un manteau de satin blanc et est placée sous un baldaquin cramoisi passementé d'or et d'argent. Sous ce lit funèbre, le cadavre est allongé dans un cercueil[14].

Le roi a prêté de riches tapisseries appartenant au garde-meuble royal. Il délègue deux hérauts d'armes portant une cotte noire semée de fleurs de lys ; ce sont eux qui distribuent l'eau bénite aux assistants. Des archers royaux se relayent pour monter la faction. À droite et à gauche ont été dressés deux autels, où des religieux se succèdent pour réciter sans cesser la prière des morts. Parents et amis défilent pour rendre un dernier hommage à celle qui croyait devenir reine de France. Pierre de Lestoile, qui n'est jamais à court de cynisme, écrit que « les princesses y furent lui donner de l'eau bénite de bon cœur parce qu'elles ne la craignaient plus[15] ».

Le rite de l'exposition dure deux ou trois jours, au cours desquels des crieurs publics courent à travers la ville pour annoncer les obsèques. Ils clament :

> « Nobles et dévotes personnes, priez Dieu pour l'âme de la Très Haute et Très Excellente dame Mme Gabrielle d'Estrées, en son vivant duchesse de Beaufort et d'Étampes, pair de France et marquise de Montceaux, pour le repos de laquelle se feront services et prières en l'église Saint-Germain-l'Auxerrois, sa paroisse, où aujourd'hui après midi, seront dits les vigiles des morts, pour y être demain à dix heures du matin fait son service solennel. »

Le mardi 20 avril, l'église est somptueusement décorée « de draps et velours couverts d'armoiries aux armes de la dite dame ». « Soixante pauvres, vêtus de robes de deuil », sont rangés des deux côtés de la nef, tenant chacun un cierge aux armes de la duchesse.

> « La chapelle ardente au chœur et tout ce qui était requis fait avec un nombre infini de cierges [...]. Du côté de la main droite, entrant audit chœur étaient les princes, sieurs chevaliers des ordres et autres parents. De l'autre côté, étaient messieurs de la cour du Parlement, chambre des comptes, maîtres des requêtes, et autres de la justice. »

Le cardinal de Gondi célèbre la messe « sans qu'il y eut offrande ni d'oraison funèbre ».

Le lendemain, les cercueils de la duchesse et de son enfant sont conduits à Saint-Denis où se déroule un autre service solennel, puis le convoi, escorté par de nombreux gentilshommes et force dames en carrosse, se dirige vers Maubuisson dont Angélique d'Estrées est abbesse, et les bières sont inhumées dans la chapelle conventuelle. Henri IV promet de faire élever à Gabrielle une chapelle funéraire à Montceaux, mais ce fut vaine promesse.

La douleur d'Henri, pour éphémère qu'elle soit, est bien réelle. Il porte le deuil de sa favorite en noir, rite qui ne vaut même pas pour les reines puis, durant trois mois, il s'habille, et toute la Cour avec lui, en violet. En réponse à sa sœur Catherine qui, de Nancy, lui exprime sa compassion, il écrit :

> « Ma chère sœur, j'ai reçu beaucoup de consolation de votre visite ; j'en ai bien besoin, car mon affliction est incomparable comme l'était le sujet qui me la donne : les regrets et les plaintes m'accompagneront jusqu'au tombeau. Cependant puisque Dieu m'a fait naître pour ce royaume et non pour moi, tous mes sens et mes soins ne seront plus employés qu'à l'avancement et conservation d'icelui. La racine de mon amour est morte, elle ne rejettera plus, mais celle de mon amitié sera toujours verte pour vous, ma chère sœur, que je baise un million de fois. Ce XV avril 1599, à Fontainebleau[16]. »

« La racine de mon amour est morte », belle phrase… Mais comment y croire ? Au début du mois d'août 1599, soit trois mois et demi après le décès de Gabrielle, le roi trousse à l'usage d'Henriette d'Entragues ces vers quémandeurs :

Le cœur blessé, les yeux en larmes,
Ce cœur ne songe qu'à vos charmes ;
Vous êtes mon unique amour.
Jour et nuit, pour vous je soupire ;
Si vous m'aimez à votre tour
J'aurai tout ce que je désire[17].

Rares sont ceux qui pleurent avec sincérité Mme de Beaufort. Nous savons pour le roi, nous savons pour César, son fils, sûrement[18], pour son frère, François-Annibal de Cœuvres[19]. Les regrets de Mme de

Sourdis et ceux de Diane de Balagny sont teintés d'amertume, celle qui les a pourvues d'honneurs et d'avantages n'est plus. Le chancelier de Cheverny, qui lui doit d'avoir été maintenu dans ses fonctions malgré ses trafics peu orthodoxes avec les traitants des impôts royaux, ne lui survivra que quelques mois, ce qui lui évite un renvoi peu honorable*. Pourtant, il écrit en juillet 1599 à Roger de Bellegarde, qui semble pleurer avec sincérité la mort de la duchesse, cette remarque aussi pertinente qu'énigmatique :

> « Au fond, le Roi admet que cette perte lui a épargné une sottise et qu'il tirera plus de profit d'épouser sa banquière de Florence. Gabrielle d'Estrées n'est plus ; la raison d'État était sa grande ennemie[20]. »

*

* *

En revanche, à la Cour, au gouvernement, dans les chancelleries, à Rome, à Florence, ce ne sont que soupirs de satisfaction, de soulagement, de bien-être.

Des pamphlets, des libelles, des pasquinades haineuses et revanchardes circulent, tout comme ils circulaient du vivant de la favorite. Quelques-uns révèlent une méchanceté presque révoltante, ainsi cette épitaphe de Madame la duchesse :

Ci-gît la peste des humains
Nourrice de gémeaux romains
Avec elle, sous la même cendre
Gisent César et Alexandre.

Cette autre n'est pas plus bienveillante :

Ci-gît le malheur de la France
Ci-gît le bordeau de la cour
Ci-gît la grande réjouissance
Des filles et femmes d'amour.

---

* Cheverny sera remplacé par Pomponne de Bellièvre en 1599.

Et encore celle-ci :

Ci-gît madame la marquise
D'un esprit plus grossier que fin,
Qui mourut pour trop s'être enquise
Qui serait monsieur le dauphin[21].

Beaucoup, et non des moindres, voient dans cette mort le doigt de Dieu. On se souvient de la phrase latine du médecin La Rivière, constatant l'état de sa patiente. Le premier président Groulard, fort caressé à Montceaux par le roi et la favorite, note que « peu de personnes eurent du regret » de ce décès, et il ajoute :

« Dieu a remédié lorsque les hommes en désespéraient[22]. »

Sancy, écarté du gouvernement par la duchesse, écrit à son ami Bongars :

« Vous aurez d'ailleurs appris ce que Dieu a fait nouvellement en ce pauvre royaume duquel, par ce nouvel accident, il lui témoigne plus avoir de soin que par tous les signalés témoignages qu'il nous en a rendus jusqu'ici. Car nous étions sur le point de tomber dans le précipice. Dieu seul nous en a retirés[23]. »

Le président de Vernhyes rejoint son collègue Groulard :

« Ainsi, en une heure, Dieu a dissipé tant de conseils, retenu le roi de courir à sa perte à laquelle il se précipitait, à sa ruine, et de l'État. Dieu veuille, comme nous l'espérons, qu'il en tire profit[24]. »

Il ajoute benoîtement à propos de Gabrielle :

« Dieu lui a pardonné ses fautes et sa vie, puisque sa mort a été si heureuse au public. »

Jacques-Auguste de Thou, historien et juriste, rend compte avec discrétion de la mort de la favorite, mais n'en donne pas moins son opinion ; il constate que, malgré la tristesse affichée par la Cour :

> « Au fond, les princes et les seigneurs en ressentirent une secrète joie, et ils regardèrent la mort de cette dame comme une heureuse circonstance que Dieu présentait au roi pour se marier et songer à se procurer des héritiers légitimes qui puissent affermir sa couronne ; ce qu'il n'aurait jamais fait si Gabrielle eût vécu ; ou s'il se fût marié, on avait à craindre une alliance illégale et préjudiciable à l'État[25]. »

Du côté italien, c'est le soulagement, voire la félicité. Le pape est persuadé que c'est « un coup du ciel accordé à ses prières ». L'ambassadeur vénitien Contarini écrit au Doge :

> « La duchesse avait confié secrètement à un grand seigneur que Dieu seul pouvait l'empêcher d'être reine de France. Je m'apprêtais à ce sujet à révéler à Votre Sérénité certaines particularités de grande importance, mais tout va changer de face et ce royaume est délivré des très imminents dangers qui le menaçaient. On peut donc déclarer sans aucun doute que cette mort est survenue pour le plus grand profit, aussi bien du peuple, de la personne du Roi et de la Chrétienté[26]. »

Chez les Florentins, le triomphe est patent. Le grand-duc, dont les coffres sont bourrés d'or et qui préfère voir sa nièce épouser le roi de France que l'empereur, est totalement rasséréné. Cet homme, autrefois cardinal, est accusé par la rumeur publique d'un double empoisonnement : celui de son frère François de Médicis et celui de sa maîtresse Bianca Capello, devenue sa femme. Ce Ferdinand, défroqué, a épousé en 1589 la petite-fille préférée de Catherine de Médicis, Christine de Lorraine, union qui cimente les excellentes relations entre la France et Florence. Le grand-duc est maintes fois intervenu pour se faire l'interprète d'Henri III et d'Henri IV auprès du pape, surtout il a prêté des sommes considérables au Béarnais pour financer la guerre de reconquête contre la Ligue. Ferdinand tient beaucoup à l'alliance avec la France car elle constitue un rempart puissant contre l'hégémonie de l'Espagne déjà installée en Milanais et travaillant en connivence avec le duc de Savoie à la formation d'une Italie hispanique. On comprend de quel œil sourcilleux et jaloux les émissaires du grand-duc de Toscane en France ont considéré l'éventuel mariage d'Henri IV et de Gabrielle. Le chanoine Bonciani, déjà évoqué, a scruté l'évolution de la passion du roi pour la duchesse avec une méticulosité maladive. Douze jours après la mort de la favorite, il écrit à son maître :

> « J'ai été à la cour, j'y ai été choyé par Sa Majesté, comme ne le fut jamais aucun serviteur par son maître. Tous les princes et seigneurs qui étaient avec le roi me firent mille caresses [...] Puisque maintenant on a enlevé l'empêchement qui gênait le mariage, les serviteurs du roi désirent une prompte réalisation, non seulement parce que le roi y est résolu, mais aussi pour l'engager officiellement le plus tôt possible et supprimer toutes les occasions que le temps pourrait offrir de retourner aux mêmes embarras[27]. »

« Supprimer toutes les occasions que le temps pourrait offrir de retourner aux mêmes embarras »... Francesco Bonciani connaît bien les faiblesses du roi. Il doit savoir que les courtisans cherchent à le consoler en mettant dans son lit une nouvelle favorite, mais il ignore encore que, le 1er octobre 1599, Henri signera une promesse de mariage écrite de sa main à Henriette-Catherine de Balzac d'Entragues.

*
* *

Cependant, la diplomatie continue son travail de fourmi, à Paris, à Florence, à Rome. Le roi mène de front sa liaison avec Henriette et la mise au point de son mariage avec Marie de Médicis. D'abord l'annulation canonique de son union avec Marguerite de Valois. Le 31 août 1599, le principe de la séparation est admis en cour de Rome ; Margot ne crée plus de difficulté depuis la mort de Gabrielle et signe de bon cœur les procurations nécessaires. Le mariage est annulé par bulle pontificale le 24 octobre et la sentence des commissaires désignés par Clément VIII admettant les arguments fallacieux contre ce mariage est rendue le 17 décembre.

En même temps, les chancelleries de France et de Florence se mettent d'accord sur les conditions de l'union du roi avec la princesse Marie. Le montant de la dot est fixé à 600 000 écus d'or dont 350 000 effectivement versés, les autres compensant les dettes de la France à l'égard de la Toscane. Le 25 avril 1600 est signé le contrat, le 24 mai Henri écrit sa première lettre à sa fiancée :

> « Madame, les vertus et perfections qui reluisent en vous et vous font admirer de tout le monde avaient, il y a longtemps déjà allumé en moi un désir de vous honorer et servir comme vous le méritez[28]. »

Reste une grosse pierre dans l'escarpin du monarque français, cette promesse de mariage follement envoyée à Henriette. Par bonheur, le roi y a mis un bémol : mariage il y aura, si Henriette accouche d'un enfant mâle. Or la marquise, après bien des scènes et des difficultés, refuse de rendre ce papier au souverain qui, de fait, continue cette liaison insensée. Heureusement, elle accouche d'un enfant mort, ce qui rend le pacte caduc. L'aventure est encore plus sordide, puisque même après que le mariage a été célébré à Florence, que la nouvelle reine arrive à Marseille le 3 novembre 1600 pour ensuite retrouver son époux à Lyon, la favorite ne se résout à décrocher et à plier bagage qu'à force de cajoleries et de promesses.

Marie de Médicis arrive à Lyon le 3 décembre avec une suite et un apparat extraordinaires, mais le roi n'est pas là. Il est en campagne contre le duc de Savoie, et n'arrive que le 9 décembre aux alentours de huit heures du soir. Le mariage est consommé presque sur-le-champ. Un dauphin est conçu dans cette première nuit de noces, le futur Louis XIII.

Les Français sont calmés, Henri est marié, sa descendance assurée, Gabrielle repose avec les restes de son enfant à l'abbaye de Maubuisson. Presque oubliée, sinon que ses enfants, les Bourbons-Vendôme, continuent de tenir leur rang à la Cour. Henri, meilleur père que mari, fait élever tous ses enfants légitimes et illégitimes à Saint-Germain-en-Laye, château réputé pour ses bonnes influences climatiques.

César, Alexandre et Henriette sont donc nourris et éduqués avec d'autres bâtards, ceux que la marquise de Verneuil, *alias* Henriette d'Entragues, donne au roi, et avec les enfants légitimes nés de Marie de Médicis : Louis, Gaston, Élisabeth, Chrétienne et Henriette-Marie. Le mélange aurait sûrement déplu à Gabrielle, mais le destin de sa progéniture n'a rien de déshonorant.

*

* *

À peine Gabrielle enterrée avec son enfant, surgissent les interrogations. Nul ne peut éviter de se poser des questions sur une mort trop opportune. Beaucoup pensent que la main de Dieu est intervenue, protégeant le roi et son royaume d'une union délétère, indigne de la « Fille aînée de l'Église » comme du « Très Chrétien ». Nous le savons déjà.

D'autres, plus superstitieux ou moins politiques, considèrent, comme ils l'ont fait pour la connétable de Montmorency, que Gabrielle, dans sa passion de mettre ses enfants aux plus hautes marches de la monarchie, s'est liée avec Satan.

L'ambiance de l'époque est sombre, ce sont les hautes eaux de la chasse aux sorcières. Justement le tout-Paris est agité par l'affaire de Marthe Brossier, une possédée que se disputent l'Église et les autorités médicales. Cette femme, la sorcière, est examinée de fond en comble par les spécialistes de tous crins qui concluent en chœur qu'elle est habitée par le démon. Cette atmosphère laisse le champ libre à toute une cohorte de devins, pronostiqueurs, mages et autres individus qu'enrichissent la superstition, la crainte du démon et la peur de l'avenir. Gabrielle n'échappe pas à cette vague. Elle consulte les voyants qui, corrompus ou non par l'or opportunément distribué, lui ont prédit un horrible avenir. Laissons ici la parole au chroniqueur le mieux informé qui soit :

> « Longtemps auparavant, ayant été persuadée par des nécromanciens qu'elle ne vivrait guère, se retirait souvent à l'écart pour pleurer. Un, entre autres, lui dit qu'elle toucherait du bout du doigt son dessein, mais qu'un autre enfant l'en garderait d'y parvenir, ce qui

la navra jusques au profond du cœur, car tout son désir était de mourir au moins reine de France. Mais Dieu en avait ordonné autrement, qui lui donna une fin semblable à sa vie[29]. »

La mort de la favorite peut susciter étonnement, rumeur, effroi comme l'avait fait en 1450 la mort d'Agnès Sorel, cette autre favorite. Cette émotion est palpable de nos jours encore à travers les vibrations transmises par la peinture. On sait que la célèbre Vierge de Nicolas Fouquet, actuellement au musée d'Anvers est représentée sous les traits d'Agnès Sorel, portrait insolite qui ne manque pas de provoquer quelque malaise chez un observateur attentif. Chacun connaît un autre tableau celui du Louvre. Le sujet est charmant en apparence ; deux jeunes et jolies dames nues dans une baignoire. L'œuvre est anonyme et non datée, sinon qu'une copie ultérieure indique les noms des jeunes femmes : Gabrielle d'Estrées et sa sœur Julienne de Villars; leur coiffure autorise à dater l'œuvre des toutes dernières années du XVIe siècle, sûrement peu après la mort de la duchesse[30].

Au premier plan, la baignoire et les baigneuses. Pour un peintre, représenter une femme nue jouant avec l'eau n'est pas une nouveauté. Les Italiens se plaisent à montrer des déesses, des nymphes évoluant dans les ondes ou dans les fontaines, libres et dévêtues. Les Français connaissent leurs œuvres, le roi François Ier fait appel à des artistes de Bologne ou de Florence pour décorer les salles du château de Fontainebleau. En ce tableau, le propos est différent. Les deux femmes ne sont ni Vénus ni Diane, elles sont Gabrielle, la favorite du roi, Julienne la sœur, dame de la haute noblesse, connue, comme toutes les femmes de la famille d'Estrées, pour ses propensions libertines. Toutes deux symbolisent l'idéal de la beauté féminine du temps ; blondes ou châtain très clair, elles montrent un front haut et bombé dégagé par les cheveux épilés au-dessus. Rares aussi et redessinés, les sourcils comme un simple trait. Le teint est d'une blancheur de neige ; effet de la nature pour Gabrielle dont Mlle de Guise disait : « Bien qu'elle fût vêtue d'une robe de satin blanc [...] Si est-ce qu'il semblait être noir à comparaison de la neige de son teint. » Résultat surtout du fard généreusement posé sur le visage et les épaules. La couleur n'apparaît que sur les lèvres et les pointes des seins légèrement carminées. Les deux jeunes femmes sont longues et fines, sinon un ventre légèrement arrondi pour Gabrielle, un cou très dégagé d'épaules rondes supportant une petite tête que soulignent des pendants d'oreilles en diamant. Les personnages semblent figés en une attitude convenue ; deux gestes strient cette représentation rigide. Julienne, en un mouvement d'une extrême préciosité, pince le téton rougi de sa sœur. Gabrielle tient entre deux doigts un anneau d'or dans lequel est enchâssée une pierre précieuse carrée sertie d'or – le diamant du sacre qu'Henri offre à la favorite en mars 1599. La favorite, enceinte pour la quatrième fois, s'apprête à devenir reine de France.

Au premier plan du tableau, cette scène compassée (au point que les deux femmes ressemblent à des automates !) contraste avec un arrière-fond familier et domestique. À regarder de près, la scène paraît moins quotidienne qu'elle ne l'est de prime abord. Au-delà des tentures rouges (couleur des reines), une servante, une nourrice aux cheveux blonds, à l'instar de ceux de Gabrielle, se penche sur une longue écharpe mi-grise mi-blanche. Au-dessus de cette femme, un miroir ne reflète rien, sinon du noir vaguement rougeoyant. Devant la cheminée où un feu achève sa flambée, une table ou plutôt un cercueil recouvert de velours vert, teinte préférée de Gabrielle. Au-dessus de l'âtre, en contraste avec le foyer déclinant, un tableau volontairement tronqué représente les jambes musclées et dénudées ainsi que la virilité à peine voilée d'un homme robuste à demi allongé.

Le message du peintre inconnu peut dès lors se comprendre de deux manières. L'artiste pourrait signifier, dans ce qui serait donc une scène de genre moralisatrice, le destin tragique d'une jeune femme, belle et comblée, que la mort attend. L'écheveau que dévide la Parque/nourrice le dit ainsi. Plane également sur la scène du fond une inquiétante atmosphère ; le miroir noir reflète une absence d'avenir dramatique. Cet objet est l'un des instruments favoris des pronostiqueurs, magicien, devins et autres astrologues que les gens de l'époque consultaient avec passion. Le feu s'éteint, le cercueil est prêt. L'artiste aurait-il voulu suggérer que la mort de la favorite appartient au domaine noir du maléfice ? La transformation tragique du visage et du corps de cette belle femme devenue d'un coup un monstre hideux ne peut, pour les Parisiens curieux qui ont envahi l'hôtel de Sourdis, qu'être l'œuvre du diable[31].

Agnès Sorel et Gabrielle d'Estrées – étrange ressemblance entre ces deux destins de femmes. L'une comme l'autre sont les favorites affichées d'un roi de France, Charles VII, Henri IV. L'une et l'autre donnent à leur royal amant trois enfants. L'une comme l'autre meurent alors qu'elles sont enceintes du quatrième, non viable pour chacune. Agnès meurt d'« un grand flux de ventre ». Gabrielle d'« une apoplexie », ou crise d'éclampsie, les deux autour de vingt-cinq ans. Toutes deux sont rapidement remplacées dans les faveurs souveraines. Les deux femmes ont été comblées de bijoux, châteaux, revenus, fiefs et domaines, donc jalousées par les courtisans et les courtisanes. Agnès comme Gabrielle font en leur temps beaucoup parler d'elles. Agnès est sans doute la première favorite officielle d'un roi de France, la seconde la première favorite à convoiter la couronne de reine. Elles sont détestées par l'entourage royal, jaloux, et par les milieux populaires. Aussi affrontent-elles vexations et humiliations. Agnès subit la morgue d'Isabelle de Lorraine, épouse de René d'Anjou, lui-même frère de la reine. Elle endure la violence du dauphin Louis, qui se laisse aller à la gifler et même à la menacer de son épée.

Toutes deux ne sont pas sans influence politique sur leur amant. Agnès encourage Charles VII à combattre les Anglais encore accrochés à la Normandie, Gabrielle intervient peut-être dans l'édit de pacification signé à Nantes. Chacune détient au conseil du roi des atouts majeurs, Étienne Chevalier et Jacques Cœur pour la première, le chancelier Philippe de Hurault, comte de Cheverny, pour la seconde.

Ces deux belles femmes blondes sophistiquées et élégantes disparaissent encore jeunes d'une manière si soudaine que la rumeur se répand d'un empoisonnement. Agnès, si l'on accorde foi à des analyses scientifiques faites récemment sur la tête momifiée de la « dame de Beauté », pourrait avoir succombé à l'absorption d'une dose énorme de mercure. Ce métal est, à l'époque, utilisé pour soigner les troubles intestinaux provoqués par la présence des ascaris dont souffre Agnès Sorel. Y a-t-il eu erreur dans la prescription ou s'agit-il de la volonté délibérée d'attenter aux jours de la favorite ? En ce qui concerne Gabrielle, le décès est généralement attribué à une crise d'éclampsie, mais les formes spectaculaires du mal peuvent également provenir des effets d'un poison.

*
* *

De fait, considérant cette mort comme trop opportune, certains contemporains de la duchesse chuchotent à l'assassinat. À l'empoisonnement ! Si meurtre il y a, à qui le crime profite-t-il ? Le grand-duc de Toscane peut être le suspect numéro un. Sa nièce, Marie de Médicis, devrait être reine selon les manœuvres diplomatiques détaillées antérieurement, or la duchesse de Beaufort faisait barrage à ce projet nuptial et l'on peut croire à un dépit politique comme à un agacement personnel de la part de Ferdinand. Hypothèse qui s'appuie sur la réputation des Médicis, grands amateurs de poisons au tribunal de l'histoire et sur la rumeur de l'élimination selon cette voie opératoire de son frère et de sa belle-sœur. Les soupçons se portent sur Zamet, ami et agent de Ferdinand pour la France. Venant de Fontainebleau, Gabrielle, qui a soupé chez lui le mardi soir puis le mercredi, aurait donc mangé un citron dans lequel la substance nocive aurait été introduite.

Si geste fatal il y eut, nulle preuve médicale ne pourra jamais être donnée, puisque, au cours de l'autopsie, les médecins légistes n'ont pas examiné l'estomac…

Le président Jehan de Vernhyes, déjà évoqué, écrit : « Un citron qu'elle mangea chez Zamet lui fit mal. Dieu lui a pardonné ses fautes et sa vie, puisque sa mort a été si heureuse au public. » Le magistrat, conscient de la gravité de ses dires, demande au destinataire, le duc de Ventadour, de conserver la missive et de la lui rendre à leur prochaine entrevue. Le texte est chiffré pour mieux dérouter un regard aussi curieux qu'étranger[32]. Agrippa d'Aubigné, qui éprouve une certaine amitié pour la duchesse, glisse dans son *Histoire universelle* une remarque prudente déjà citée : « Elle vint de Saint-Antoine pour se rafraîchir chez Zamet où ayant mangé un poncire comme les uns le veulent et les autres une rasade, elle sentit quand et quand un tel feu au gosier[33]. »

Sully, dont les *Mémoires* suggèrent à peine son antipathie pour la duchesse, raconte ainsi pour la postérité le malaise mortel de la favorite, et n'évite pas de pointer le rôle de Zamet dans un éventuel empoisonnement :

« Zamet avait reçu son hôtesse avec tout l'empressement d'un courtisan qui cherche à plaire, il n'oublia rien de ce qu'il jugea capable de lui faire passer le temps agréablement. Le jeudi absolu [saint], Madame de Beaufort, après son dîner, où elle avait mangé toutes viandes excellentes et préparées à son goût, eut envie d'entendre les ténèbres en musique, au petit Saint-Antoine. Elle y fut prise de quelques éblouissements qui la firent promptement revenir chez Zamet. Elle n'y fut pas plus tôt arrivée, que, prenant l'air dans le jardin, elle fut attaquée d'une apoplexie, qui pensa l'étouffer dans le moment. Elle revint un peu par les secours qu'on lui donna et fortement frappée de l'idée qu'elle avait été empoisonnée, elle demanda qu'on la tirât de cette maison, et qu'on la transporte au cloître Saint-Germain, chez madame de Sourdis, sa tante[34]. »

Plus près de nous, quelques historiens intrigués par la soudaine mort de Gabrielle envisagent le meurtre d'État. Avec précaution, certes, Michelet se montre partisan de cette hypothèse. Après lui, tout récemment, Jean-Paul Desprat considère ce drame comme un complot des Politiques visant à couper brutalement les ponts et à favoriser le mariage d'Henri IV avec Marie de Médicis[35].

Le bras agissant de cette conspiration aurait été La Varenne. L'ancien cuisinier de Catherine de Bourbon, Guillaume Fouquet de La Varenne de son nom complet, est devenu l'homme de confiance d'Henri, le serviteur des « missions intimes ». C'est lui qui porte à travers campagnes et collines les missives amoureuses du roi à son « bel Ange ». Mais il est aussi un homme déterminé, ami des Jésuites, convaincu de la nécessité, pour le bien du royaume, d'un mariage avec Marie de Médicis. Enfin, il s'est trouvé constamment auprès de la duchesse et dès lors aurait pu glisser le poison mortel. Sinon que, à son commandement, il s'est rendu le jeudi saint à Fontainebleau vers le roi, porteur d'une lettre de la favorite implorant le souverain de venir au plus tôt à son chevet, afin qu'il l'épouse *in extremis* et que leurs enfants soient légitimés enfants de France. Surtout, c'est Fouquet de La Varenne qui, le vendredi, est venu trouver à l'église Saint-Germain l'Auxerrois le maréchal d'Ornano et Bassompierre durant le sermon de la Passion. « Madame la duchesse venait de mourir, leur dit-il, il était à propos d'empêcher le roi de venir à Paris, lequel s'acheminait en diligence[36]. » Pour compléter ce dossier d'accusation, il est nécessaire d'y glisser deux nouvelles pièces. La lettre écrite le vendredi à Sully parti faire la Cène en son château confesse le mensonge fait au roi dans le même temps qu'il annonce au ministre la proximité de la mort attendue : « Et moi je suis là tenant cette pauvre femme comme morte entre mes bras, ne croyant pas qu'elle vive encore une heure, vu les effroyables accidents dont elle est travaillée. » Étrange, cette missive que, devenu duc de Sully, Rosny prend la peine d'insérer dans ses *Mémoires*[37] ! A-t-elle pour but de couvrir le comportement de Fouquet de La Varenne à l'égard du roi ? Ou bien est-elle destinée à informer le surintendant des finances de l'état désespéré de la « presque reine » ? Non moins étrange est l'attitude de Fouquet durant l'agonie de la duchesse. Alors que le roi l'avait chargé tout particulièrement de la protéger, pourquoi, tandis qu'elle agonise en ce vendredi saint, fait-il ouvrir largement les portes du doyenné Saint-Germain, permettant aux Parisiens de voir l'atroce spectacle d'une belle femme rendue affreuse par la maladie ? Il joue avec la crédulité populaire en rendant visible à tous les ravages qu'opère la puissance maléfique chez un être entré par ambition en relation avec le diable. En ce cas, les effets du poison pourraient être confondus chez les voyeurs avec l'intervention satanique.

Si La Varenne est la « méchante main » que la plupart considèrent comme « la main de Dieu », celle qui versa le poison, il n'est pas seul responsable. Innombrables sont ceux qui regardent la duchesse comme un obstacle au bien commun du royaume, parmi eux Sully, Pomponne de Bellièvre, ministre d'État, les puissants gentilshommes de la Cour, les officiers du parlement de Paris qui s'estiment responsables des lois dynastiques. Ces derniers froncent les sourcils en considérant tous les troubles qui adviendraient si, Henri ayant épousé Gabrielle, des enfants naissaient. Qui, alors, hériterait de la couronne : l'aîné des bâtards légitimés, soit César Monsieur, ou le petit mâle venu ensuite d'un lit parfaitement nuptial ?

> « Gabrielle a été anéantie inexorablement par la force d'une intrigue générale ; le vrai complot naquit des exhortations de Sully, des représentations du clergé, des billets de la reine Margot, et enfin… de la faiblesse piteuse du roi[38]. »

Ce serait dès lors la faiblesse sentimentale du Vert-Galant, empêtré dans une inextricable situation affective, qui aurait provoqué le complot et l'empoisonnement de la duchesse. Le souverain est plongé dans l'hésitation et l'expectative, comme cela lui est arrivé un certain nombre de fois dans sa vie. Comme il ne peut se décider à agir, il laisse faire. Il laisse faire les négociations avec Rome pour l'annulation du mariage avec Marguerite de Valois, il laisse faire les négociations pour une éventuelle union avec Marie de Médicis, nièce du grand-duc de Toscane, lui-même cousin du pape Clément VIII, et, dans les mêmes semaines, il annonce son mariage avec Gabrielle. Par un revirement dont il est coutumier, brutal et soudain, semblable à une charge subite de cavalerie, n'aurait-il pas changé sa détermination, provoquant, aidé par son confesseur, cette opportune séparation pascale, prémisse d'une séparation définitive ? Rupture que la duchesse de Beaufort aurait pressentie ? L'isolement de la dame est dès lors mis à profit par son assassin.

Mais laissons à leurs sinistres déductions les partisans d'un empoisonnement justifié par les grandes nécessités de l'État et de la dynastie bourbonienne et considérons l'hypothèse la plus fréquemment retenue par les historiens, mémorialistes et autres biographes de la belle d'Estrées. La duchesse est morte d'une crise d'éclampsie puerpérale, maladie parfaitement répertoriée dès le XIXe siècle, mais qui ne l'est pas encore au XVIe. Il s'agit d'une forte poussée d'hypertension artérielle qui provoque des douleurs épigastriques, des céphalées, des convulsions. On reconnaît là quelques-uns des symptômes observés lors des derniers jours de la duchesse, qui perd la vue et l'ouïe. La tension musculaire est telle que la face de la patiente devient méconnaissable, agitée de tics, de grimaces, les yeux roulent sans fin dans les orbites, la bouche s'étire monstrueusement sur le côté de la figure. Mme de Beaufort, tout comme la connétable de Montmorency, pourrait bien être morte d'une telle crise.

Dans ce cas, pourrait-on attribuer cette subite poussée de la tension artérielle à des causes particulières ? Par l'autorité royale, la duchesse s'est trouvée contrainte de gagner Paris pour y résider durant la semaine pascale et montrer aux Parisiens combien est puissante sa dévotion. Il pourrait alors sembler surprenant, durant ces jours saints, de visiter Zamet qui a fait aménager un appartement pour abriter ses amours avec le roi. Mais revenons aux angoisses réelles qui poignent la favorite en cette fin de mars. Certes, elle croit aux promesses royales, elle croit que, sous peu, elle sera reine de France et que ses enfants continueront la lignée des Bourbons sur le trône du royaume. Déjà, la robe rouge nuptiale, déjà la chambre des reines toute de rouge garnie et décorée et le lit dans lequel elle meurt. Mais que d'inquiétudes aussi ! Il y a les deux portraits de femmes, épouses possibles que le Béarnais, avec une délicatesse de soudard, lui a montrés récemment, l'infante d'Espagne et Marie de Médicis, candidates à la couronne de France[39]. Il y a la désapprobation que manifestent les proches du roi et qu'elle ne peut feindre d'ignorer. Il y a l'ambiance parisienne d'une effroyable hostilité à son égard. Et les malaises d'une grossesse de sept à huit mois environ bien plus pénible que les précédentes. Autant d'éléments capables de déclencher cette poussée gigantesque de tension artérielle et provoquer la fatale crise d'éclampsie.

CONCLUSION

Jamais roi en France n'épouse une bergère. Gabrielle d'Estrées voulut faire mentir la tradition. Elle crut y parvenir, elle n'y parvint pas. Le poêle de mariée, ce mirage doré qui l'aurait faite reine de France, se dressera quelques mois plus tard pour une autre femme, Marie de Médicis, souveraine tout à fait conforme aux intérêts et coutumes du royaume.

Incroyablement obstinée, Gabrielle lutta jusqu'au bout pour que son rêve devienne réalité. Avec ses moyens. Ceux d'une femme très belle, ceux d'une mère qui donne à Henri de beaux enfants alors qu'il doutait de ses capacités à procréer. Ceux encore d'une aristocratie de bon lignage, soutenue et conseillée par un puissant clan familial. Le tout assemblé pouvait constituer une belle donne, mais pas suffisante pour gagner la mise.

Durant sa courte vie, faible est son influence sur le roi. Favorite elle est, favorite elle demeure, peut-être disparaît-elle trop tôt pour qu'il en soit autrement. À tort, on la nomme parfois la « dame de paix ». Ni vindicative ni passionnée, la jeune femme ne possède ni conscience religieuse ni conscience politique très affirmée, elle ne partage donc aucune des passions qui, durant quarante ans, déchirèrent le royaume. Elle ne voit pas beaucoup plus loin que son avantage particulier et celui de ses enfants ; elle ne cherche donc pas à peser sur la volonté souveraine sinon en ce qui concerne ses intérêts honorifiques et matériels. Les grandes heures du règne, du temps qu'elle est la maîtresse d'Henri IV, ne lui doivent rien, ni l'abjuration ni la conversion, pas plus qu'en 1595 la déclaration de guerre à l'Espagne ou encore en 1598 l'édit de Nantes.

La liaison aurait pu se poursuivre, même après le mariage d'Henri IV avec Marie de Médicis, mais Gabrielle, après la naissance de César, n'eut pas la sagesse de rester en retrait, de demeurer la « personne confidente » que le roi aimait ou croyait aimer. Enivrée de la passion qu'elle suscite, probablement poussée par une famille avide de prébendes, elle pense son ascendant sur le souverain assez puissant pour l'amener à l'épouser.

Erreur grave de la part d'une femme assez mesurée jusque-là pour ne revendiquer d'autres avantages que pécuniaires ou nobiliaires. Ce faisant, elle met le doigt dans l'engrenage politique d'une monarchie autoritaire fondée sur la transmission dynastique. Ce ne sont plus les badauds parisiens criant à la putain, mais les théoriciens et les praticiens d'un État émergeant des troubles civils qui s'opposent à la favorite devenue encombrante. Ceux-là ne peuvent consentir que le sang irriguant la monarchie soit pollué au travers des bâtards, même légitimés. Ils pressentent les nouveaux troubles provoqués par une improbable succession si Gabrielle et Henri mariés donnaient le jour à un dauphin ou si le monarque mourait sans autre descendance. Henri IV, pris en étau entre Gabrielle et ses conseillers, joue le double jeu auquel il est accoutumé. D'un côté, l'annonce tonitruante (trop !) d'une prochaine date pour des noces royales, le cadeau insensé du diamant du sacre, la liberté laissée à la favorite de préparer le lit et les vêtements de reine. De l'autre, les négociations de plus en plus précises avec le pape et le grand-duc de Toscane.

Pour amoureux qu'il soit de son « bel ange », le premier Bourbon, trop respectueux des règles d'un royaume conquis au prix de tant de combats, de peines et de compromis, n'aurait certainement pas franchi la ligne rouge. Qu'importe pour lui une promesse bafouée, une femme humiliée : Gabrielle, à ses yeux, ne pèse pas lourd à côté de la couronne de France. Un mensonge en forme de plaisanterie gasconne, une pluie de terres titrées, de revenus, de bijoux… Le Béarnais se serait tiré de ce piège, comme il le fait quelques mois plus tard avec Henriette d'Entragues.

Gabrielle est morte avant d'avoir connu cette disgrâce. Sans doute l'a-t-elle pressentie, peut-être même est-ce la cause de sa mort prématurée.

NOTES

Notes du chapitre premier

1. Les biographies sont assez peu nombreuses et très inégales en qualité :

Lieutenant-colonel Henri CARRÉ, *Gabrielle d'Estrées, presque reine, 1570-1599*, Paris, Hachette, 1935.

Jean CASTARÈDE, *Gabrielle d'Estrées ou la passion du roi*, Paris, Acropole, 1989.

Michel de DECKER, *Gabrielle d'Estrées, le grand amour d'Henri IV*, Paris, Pygmalion, 2003.

Adrien DESCLOZEAUX, *Gabrielle d'Estrées, marquise de Montceaux, duchesse de Beaufort*, Paris, H. Champion, 1889.

Idem, « Le mariage et le divorce de Gabrielle d'Estrées », *Revue historique*, t. XXX, 1886.

Philippe ERLANGER, *Gabrielle d'Estrées, femme fatale*, Paris, Perrin, 1975 ; rééd. 2000.

Lieutenant-colonel de LANOUVELLE, *Gabrielle d'Estrées et les Bourbon-Vendôme*, Paris, Calmann-Lévy, 1936.

Inès MURAT, *Gabrielle d'Estrées*, Paris, Fayard, 1992.

Raymond RITTER, *Charmante Gabrielle*, Paris, Albin Michel, 1947.

Les deux meilleures biographies, les plus complètes, les plus historiques, sont sans conteste celle, très touffue, néanmoins, de Raymond Ritter et celle d'Inès Murat.

Les biographies d'Henri IV ne peuvent manquer d'évoquer Gabrielle. Parmi elles, l'incontournable *Henri IV* de Jean-Pierre BABELON, Paris, Fayard, 1982.

2. Généalogie paternelle de Gabrielle, montrant sa lointaine parenté avec Henri IV :

Jean II de Bourbon, comte de Vendôme.

(de sa femme, Isabelle de Beauvau)	(de sa maîtresse, Philippote de Gournay)
I	I
François de Bourbon	Jacques de Bourbon, bâtard de Vendôme
I	I
Charles de Bourbon	Catherine de Bourbon (mariée à Jean d'Estrées)
I	I
Antoine de Bourbon	Antoine d'Estrées
I	I
Henri IV	Gabrielle d'Estrées

3. Gédéon TALLEMANT DES RÉAUX, *Historiettes*, Paris, Gallimard, « Bibliothèque de la Pléiade », 1960-1970, 2 t., t. I, pp. 4-5.

4. Les enfants d'Antoine d'Estrées et de Françoise Babou de La Bourdaisière :

1. François-Louis, marquis de Cœuvres, mort à dix-neuf ans au siège de Laon.

2. François-Annibal, d'abord évêque de Noyon, puis gouverneur de La Fère pour Henri IV.

3. Diane. Elle épouse le 17 février 1596 Jean de Monluc, seigneur de Balagny, maréchal de France, gouverneur de Cambrai.

4. Marguerite. Elle épouse le 7 juillet 1585 Gabriel Bournel, seigneur de Namps, baron de Mouchy.

5. Angélique, religieuse à Saint-Louis de Poissy, abbesse de Bertaucourt puis de Maubuisson.

6. Gabrielle. Elle épouse en 1592 Nicolas d'Amerval, sire de Liancourt, gouverneur de Chauny.

7. Julienne-Hippolyte. Elle épouse le 7 janvier 1597 Georges de Brancas, futur duc de Villars, gouverneur du Havre.

8. Françoise, fille illégitime de Françoise d'Estrées, née Babou. Elle épouse Charles, comte de Sanzay, baron de Tupigny.

5. Janine GARRISSON, *Protestants du Midi*, Toulouse, Privat, 1991 (rééd.), pp. 177-220.

6. Jacques BOLLE, *Pourquoi tuer Gabrielle d'Estrées ?*, Florence, G. Barbèra, 1955. L'auteur affirme que Gabrielle posséda des convictions protestantes (p. 23) ; ce jugement semble hâtif, toutefois son grand-père Jean d'Estrées inclina un moment pour la nouvelle religion.

7. Agrippa d'AUBIGNÉ, *Histoire universelle*, éd. publ. pour la Société de l'histoire de France, par le baron Alphonse de RUBLE, Paris, Renouard, H. Laurens, 1886-1925, 10 vol. D'Aubigné écrit : « Sa beauté n'avait rien de lascif. »

8. J.-P. BABELON, *Henri IV*, Paris, Fayard, 1982, pp. 527-528.

9. Jean NOUAILLAC, *Henri IV raconté par lui-même : choix de lettres et harangues*, Paris, Auguste Picard, 1913, pp. 197-198.

10. J.-P. BABELON, *Henri IV*, *op. cit.*, p. 505, et R. RITTER, *Charmante Gabrielle*, Paris, Albin Michel, 1947, p. 86.

11. J.-P. BABELON, *Henri IV*, *op. cit.*, p. 515, et R. RITTER, *Charmante Gabrielle*, *op. cit.*, pp. 91-92.

Notes du chapitre II

1. I. MURAT, *Gabrielle d'Estrées*, Paris, Fayard, 1992, p. 64, et R. RITTER, *Charmante Gabrielle*, *op. cit.*, p. 95.

2. R. RITTER, *Charmante Gabrielle*, *op. cit.*, p. 95.

3. I. MURAT, *Gabrielle d'Estrées*, *op. cit.*, p. 69. Nous partageons le point de vue d'Inès Murat sur le côté crédible de la stratégie d'Henri IV.

4. La réponse à ce dilemme crucial découle de la donation d'avril 1592 signée à Darnetal et accordant de beaux écus aux d'Estrées père et fille en vue du mariage de cette dernière.

5. Citée par A. DESCLOZEAUX, *Gabrielle d'Estrées...*, Paris, H. Champion, 1889, p. 25. L'érudit en conteste et la date et l'authenticité.

6. *Ibid.*, p. 2.

7. Sur la longue et difficile reconquête du royaume par Henri IV, les meilleures analyses se trouvent dans J.-P. BABELON, *Henri IV*, *op. cit.*, chap. VII, VIII et IX, et dans Arlette JOUANNA, dir., *Histoire et dictionnaire des guerres de Religion*, Paris, Robert Laffont, coll. « Bouquins », 1998, pp. 355-384.

8. Pierre de LESTOILE, *Journal de l'Estoile pour le règne de Henri IV, 1589-1610*, présenté et annoté par Louis-Raymond LEFÈVRE, Paris, Gallimard, 1948, p. 242.

9. *Ibid.*, p. 247.

10. *Ibid.*, p. 253.

11. J.-P. BABELON, *Henri IV*, *op. cit.*, p. 333.

12. *Ibid.*, p. 558.

13. Maximilien de Béthune, duc de SULLY, *Mémoires de Sully*, prés. et annot. par Louis-Raymond LEFÈVRE, Paris, Gallimard, 1942, p. 106.

14. MÉZERAY cité par I. MURAT, *Gabrielle d'Estrées*, *op. cit.*, p. 109.

15. R. RITTER, *Charmante Gabrielle*, *op. cit.*, 141. Comme le pense Raymond Ritter, les raisons de la conversion d'Henri IV sont multiples et

complexes. La pression du clan de Gabrielle d'Estrées ne représente qu'une mince partie de l'affaire.

16. A. d'AUBIGNÉ, *Histoire universelle*, éd. par André THIERRY, Genève, Droz, t. VIII, 1994, pp. 302-303.

17. Cité par I. MURAT, *Gabrielle d'Estrées*, *op. cit.*, p. 109.

18. André LAMANDÉ, *Lettres d'amour et de guerre du roi Henri IV*, Paris, H. Jonquières, 1928, p. 229.

19. Cité par P. ERLANGER, *Gabrielle d'Estrées*, Paris, Perrin, 1975, rééd. 2000, p. 64.

20. *Ibid.*, p. 64.

21. A. LAMANDÉ, *Lettres...*, *op. cit.*, p. 131.

22. *Ibid.*, p. 137.

23. P. ERLANGER, *Gabrielle d'Estrées*, *op. cit.*, p. 70.

24. Cité par I. MURAT, *Gabrielle d'Estrées*, *op. cit.*, p. 70.

25. *Ibid.*, p. 135.

Notes du chapitre III

1. Le divorce de Gabrielle d'Estrées est détaillé preuves à l'appui sous forme de documents d'archives dans A. DESCLOZEAUX, *Gabrielle d'Estrées...*, *op. cit.*, pp. 27-50.

2. *Ibid.*, p. 28.

3. *Ibid.*, p. 31.

4. A. DESCLOZEAUX, *Gabrielle d'Estrées...*, *op. cit.*, p. 30, et R. RITTER, *Charmante Gabrielle*, *op. cit.*, p. 241.

5. Jean-Paul DESPRAT, *Les Bâtards d'Henri IV : l'épopée des Vendômes, 1594-1727*, Paris, Perrin, 1994, p. 47.

6. R. RITTER, *Charmante Gabrielle*, *op. cit.*, p. 262.

7. P. de LESTOILE, *Journal...*, *op. cit.*, p. 427.

8. Jean-Pierre BABELON, *Demeures parisiennes sous Henri IV et Louis XIII*, Paris, Éditions du Temps, 1965. Voir p. 163 deux dessins de la façade de cet hôtel.

9. Cité par I. MURAT, *Gabrielle d'Estrées*, *op. cit.*, p. 236.

10. Claude GROULARD, *Mémoires de messire Claude Groulart, premier président au parlement de Normandie, ou voyage par lui fait en cour*, in MICHAUD et POUJOULAT, *Nouvelle collection des mémoires pour servir à l'histoire de France*, 1re série, t. XI, Paris, Firmin-Didot, 1838, pp. 570-571. L'historien Jacques-Auguste de THOU, *Histoire universelle, depuis 1543 jusqu'en 1607*, Londres [Paris], 1734, éprouve quelque réticence devant cette cérémonie emphatique. Il écrit : « Les personnes sensées blâmèrent cette pompe écarlate pour une fille bâtarde et dirent qu'au moins la cérémonie n'eût pas dû se faire en présence du légat et des députés des provinces. »

11. HENRI IV, *Lettres d'amour et écrits politiques, avec quelques lettres reçues par le roi*, choix et prés. par J.-P. BABELON, Paris, Fayard, 1988, p. 232.

Notes du chapitre IV

1. Tous ces renseignements sont collationnés par l'incontournable A. DESCLOZEAUX, *Gabrielle d'Estrées*..., *op. cit.*, dans la partie intitulée « Les archives de Gabrielle d'Estrées », pp. 307-381.

2. A. DESCLOZEAUX, *Gabrielle d'Estrées*..., *op. cit.*, p.326.

3. *Ibid.*, pp. 331-332.

4. *Ibid.*, pp. 333-335.

5. *Ibid.*, p. 335.

6. *Ibid.*, p. 341.

7. *Ibid.*, p.340.

8. *Ibid.*, p. 345.

9. *Ibid.*, p. 338.

10. *Ibid.*, p. 339.

11. *Ibid.*, p. 359.

12. *Ibid.*, p.352.

13. *Ibid.*, pp. 367-369.

14. *Ibid.*, pp. 369-370.

15. *Ibid.*, p. 364.

16. *Ibid.*, pp. 308-309 et suiv.

17. P. de LESTOILE, *Journal*..., *op. cit.*, p. 473.

18. A. DESCLOZEAUX, *Gabrielle d'Estrées*..., *op. cit.*, pp. 371-372.

19. Ernest de FRÉVILLE, « Notice historique sur l'inventaire des biens meubles de Gabrielle d'Estrées », *Bibliothèque de l'École des chartes*, t. III, 1841-1842, pp. 148-171.

Notes du chapitre V

1. J.-P. BABELON, *Henri IV*, *op. cit.*, p. 515.

2. A. LAMANDÉ, *Lettres*..., *op. cit.*, pp. 122-123.

3. *Ibid.*, pp. 246-247.

4. J.-P. BABELON, *Henri IV*, *op. cit.*, p. 645.

5. L'anecdote est rapportée par P. de LESTOILE, *Journal*..., *op. cit.*, pp. 510-511.

6. J. GARRISSON, *Marguerite de Valois,* Paris, Fayard, 1994, rééd. 2004, pp. 269-283.

Notes du chapitre VI

1. Abel DESJARDINS, *Négociations diplomatiques de la France avec la Toscane,* Paris, Imprimerie nationale, 1875, t. V : Relation de Francesco Bonciani, chanoine métropole de Florence, p. 344.

2. J. BOLLE, *Pourquoi tuer Gabrielle*..., *op. cit.*, p. 12, lettre inédite.

3. J.-P. BABELON, *Henri IV*, *op. cit.*, p. 652.

4. *Ibid.*, p. 659.

5. Voir dans Pierre TUCOO-CHALA, *Catherine de Bourbon, une calviniste exemplaire*, Biarritz, Atlantica, 1997, et dans J.-P. BABELON, *Henri IV, op. cit.*, p. 653. Voir également P. de LESTOILE, *Journal...*, *op. cit.*, pp. 535, 561.

6. R. RITTER, *Charmante Gabrielle*, *op. cit.*, p. 496.

7. G. TALLEMANT DES RÉAUX, *Historiettes*, *op. cit.*, p. 88.

8. Bernard BARBICHE et Ségolène DAINVILLE-BARBICHE, *Sully : l'homme et ses fidèles*, Paris, Fayard, 1997, p. 87.

9. *Ibid.*, p. 87.

10. *Ibid.*, pp. 86 et 98.

11. R. RITTER, *Charmante Gabrielle*, *op. cit.*, p. 508. Voir aussi I. MURAT, *Gabrielle d'Estrées*, *op. cit.*, p. 366.

12. P. de LESTOILE, *Journal...*, *op. cit.*, p. 564.

13. R. RITTER, *Charmante Gabrielle*, *op. cit.*, p. 426, et J.-P. BABELON, *Henri IV*, *op. cit.*, p. 654.

14. R. RITTER, *Charmante Gabrielle*, *op. cit.*, p. 427.

15. Fanny COSANDEY, *La Reine de France : symbole et pouvoir, XVe-XVIIIe siècle*, Paris, Gallimard, « Bibliothèque des histoires », 2000, p. 78.

16. P. de LESTOILE, *Journal...*, *op. cit.*, p. 526.

17. R. RITTER, *Charmante Gabrielle*, *op. cit.*, p. 497 et J.-P. BABELON, *Henri IV*, *op. cit.*, p. 659.

18. I. MURAT, *Gabrielle d'Estrées*, *op. cit.*, p. 340, et R. RITTER, *Charmante Gabrielle*, *op. cit.*, p. 483.

19. R. RITTER, *Charmante Gabrielle*, *op. cit.*, p. 481.

20. P. de LESTOILE, *Journal...*, *op. cit.*, p. 542.

21. Philippe Hurault, comte de CHEVERNY, *Mémoires*, éd. par M. de PETITOT in *Collection complète des mémoires relatifs à l'histoire de France*, 1re série, t. XXXVI, Paris, Foucault, 1823, p. 384.

22. Avec la personnalité de Philippe de Hurault, sire de Cheverny, les opinions divergent. Raymond Ritter (*Charmante Gabrielle*, *op. cit.*, p. 85) en fait un second Michel de L'Hospital, Jean-Pierre Babelon (*Henri IV*, *op. cit.*, p. 505) un homme « retors et peu sympathique ».

23. La somme s'élève à 10 000 écus qui ont été consentis par l'assemblée politique protestante de Sainte-Foy. L'assemblée est entraînée à ce geste par Duplessis-Mornay, le « pape des huguenots », certain que Gabrielle pousserait le roi à accorder aux calvinistes un édit de tolérance. J.-P. DESPRAT, *Les Bâtards...*, *op. cit.*, p. 62.

24. L'anecdote, vraie ou fausse, est rapportée par R. RITTER, *Charmante Gabrielle*, *op. cit.*, p. 472.

25. *Ibid.*, p. 471.

26. *Ibid.*, pp. 472-473.

27. I. MURAT, *Gabrielle d'Estrées*, *op. cit.*, p. 335.

28. R. RITTER, *Charmante Gabrielle*, *op. cit.*, p. 483.

29. J.-P. BABELON, *Henri IV*, *op. cit.*, p. 657.

30. *Ibid.*, p. 659.

31. R. RITTER, *Charmante Gabrielle*, *op. cit.*, p. 501, et J.-P. BABELON, *Henri IV*, *op. cit.*, p. 659.

32. J.-P. BABELON, *Henri IV*, *op. cit.*, p. 660. L'agent Bonciani écrit le 18 janvier 1599 au grand-duc de Toscane : « Le roi de France feint de vouloir épouser la princesse pour obtenir l'annulation, celle-ci obtenue, il épousera Gabrielle. »

33. Cité par R. RITTER, *Charmante Gabrielle*, *op. cit.*, p. 513, et J.-P. BABELON, *Henri IV*, *op. cit.*, p. 661.

Notes du chapitre VII

1. SULLY, *Mémoires...*, *op. cit.*, p. 204, et CHEVERNY, *Mémoires*, *op. cit.*, p. 385. Information confirmée par Jehan de Vernhyes, président de la cour des aides de Montferrand, en une lettre en partie chiffrée adressée au duc de Ventadour ; voir J. LOISELEUR, « La mort... », art. cité, p. 204.

2. L'hôtel de Zamet, construit entre 1580 et 1587, reçoit de nouveaux embellissements entre 1595 et 1610. Voir J.-P. BABELON, *Demeures parisiennes...*, *op. cit.*, p. 68 et p. 267.

3. I. MURAT, *Gabrielle d'Estrées*, *op. cit.*, pp. 388-389.

4. H. CARRÉ, *Gabrielle d'Estrées...*, Paris, Hachette, 1935, p. 221.

5. SULLY, *Mémoires...*, *op. cit.*, p. 205.

6. La description des troubles de Gabrielle dans la soirée du mercredi saint 7 avril est à trouver dans SULLY, *Mémoires...*, *op. cit.*, p. 207 ; il fait état d'une lettre à lui adressée par La Varenne. Voir également CHEVERNY, *Mémoires*, *op. cit.*, p. 385 ; il évoque « une forme d'apoplexie ». Dans ses mémoires, Bassompierre parle d'« une grande convulsion » (François de BASSOMPIERRE, *Mémoires du maréchal de Bassompierre*, in MICHAUD et POUJOULAT, *Nouvelle collection des mémoires pour servir à l'histoire de France*, 1re série, t. XVIII, Paris, Firmin-Didot, 1837, p. 273), alors que d'Aubigné parle de « feu au gosier » et de « tranchées à l'estomac » (A. d'AUBIGNÉ, *Histoire universelle*, *op. cit.*, t. IX, 1995, p. 258).

7. En effet, comme le suggère le conseiller d'État Forget de Fresnes, dans cette lettre, le roi voulait tenir conseil à Fontainebleau, voir R. RITTER, *Charmante Gabrielle*, *op. cit.*, pp. 541-542.

8. Cette sage-femme avait accouché Gabrielle de ses trois premiers enfants avec succès. Elle est ensuite soupçonnée de faute professionnelle par Gabrielle lors de l'accouchement de l'une de ses femmes de chambre, au point que Marie de Médicis refusa ses services. Voir J.-P. DESPRAT, *Les Bâtards...*, *op. cit.*, p. 80. L'expression « à pièces et lopins » se trouve dans la lettre du président de Vernhyes publiée *in extenso* par Jules LOISELEUR, « La mort de Gabrielle d'Estrées », in *Questions historiques du XVIIe siècle*, Paris, Didier, 1873, p. 199.

9. P. de LESTOILE, *Journal...*, *op. cit.*, p. 572. Cette princesse de Martigues est la mère de Marie de Luxembourg, duchesse de Penthièvre et épouse du duc de Mercœur. Le fait paraît donc bien improbable étant donné le rang et la dignité de la dame, malgré la confiance que l'on accordait à l'ordinaire aux informations fournies par Pierre de Lestoile.

10. F. de BASSOMPIERRE, *Journal de ma vie*, *op. cit.*, p. 274.

11. SULLY, *Mémoires...*, *op. cit.*, p. 207. Lettre de La Varenne à Maximilien de Béthune, sire de Rosny, plus tard duc de Sully, enserrée dans les *Mémoires*, *op. cit.*, p. 77… Jean-Paul Desprat juge que cette missive est un faux concocté par Rosny qui avait besoin d'une preuve du caractère démoniaque de cette mort (*Les Bâtards...*, *op. cit.*, p. 77).

12. R. RITTER, *Charmante Gabrielle*, *op. cit.*, pp. 542-543.

13. A. d'AUBIGNÉ, *Histoire universelle*, *op. cit.*, t. IX, pp. 257-258.

14. F. COSANDEY, *La Reine de France*, *op. cit.*, chap. « Anne de Bretagne dans le processus d'élaboration des funérailles royales », pp. 209-233. Anne de Bretagne est morte en janvier 1514.

15. P. de LESTOILE, *Journal...*, *op. cit.*, p. 542.

16. A. LAMANDÉ, *Lettres...*, *op. cit.*, pp. 175-176.

17. *Ibid.*, pp. 177-178.

18. De retour à Fontainebleau, le vendredi 9 avril, Henri IV, dans une grande tristesse, se promène dans le jardin des Pins. César de Vendôme s'y trouve qui voit le chagrin de son père, comprend que sa mère est morte et éclate en sanglots. Le président Groulard rapporte : « La douleur de cet enfant était au-dessus de son âge, il semblait comprendre que la mort de sa mère changeait sa destinée et l'éloignait à jamais du trône. » Voir J.-P. DESPRAT, *Les Bâtards...*, *op. cit.*, p. 93. Le chagrin du petit César contraste avec le comportement d'Henri de Condé ; le jeune garçon, âgé d'une dizaine d'années, « reçut des premiers la nouvelle de cette mort, et le sut avant sa mère, qui, l'ayant trouvé pleurant ou du moins en faisant dextrement semblant (et se couvrant les yeux et le visage de son manteau), sa mère lui ayant demandé ce qu'il avait et le pressant fort de la dire, se démasquant à la fin lui va répondre tout en riant : "Madame la duchesse est morte" ». Voir P. de LESTOILE, *Journal...*, *op. cit.*, p. 572.

19. Le frère de Gabrielle, François-Annibal, tombe malade « de la violence de sa douleur ».

20. Cette lettre est citée par J. BOLLE, *Pourquoi tuer Gabrielle...*, *op. cit.*, p. 3.

21. M. de DECKER, *Gabrielle d'Estrées...*, *op. cit.*, p. 194.

22. R. RITTER, *Charmante Gabrielle*, *op. cit.*, p. 555.

23. *Ibid.*, p. 556.

24. J. LOISELEUR, « La mort… », art. cité, p. 209.

25. R. RITTER, *Charmante Gabrielle*, *op. cit.*, p. 557.

26. *Ibid.*, p. 557.

27. J. BOLLE, *Pourquoi tuer Gabrielle...*, *op. cit.*, pp. 112-113.

28. J. NOUAILLAC, *Henri IV raconté par lui-même*, *op. cit.*, pp. 309-310.

29. P. de LESTOILE, *Journal...*, *op. cit.*, p. 572.

30. Rose-Marie et Rainer HAGEN, *Les Dessous des chefs-d'œuvre*, Paris, Taschen, t. II, pp. 203-204.

31. L'invasion de l'hôtel de Sourdis est attestée par la lettre du président de Vernhyes, voir J. LOISELEUR, « La mort... », art. cité, p. 205. Voir également CHEVERNY, *Mémoires*, *op. cit.*, p. 187 ; Cheverny évoque un défilé de 20 000 personnes, chiffre sûrement exagéré. Voir également J.-P. DESPRAT, *Les Bâtards...*, *op. cit.*, p. 85.

32. J. LOISELEUR, « La mort... », art. cité, p. 185.

33. A. d'AUBIGNÉ, *Histoire universelle*, *op. cit.*, t. IX, p. 258. Il constate, *ibidem*, p. 257 : « Les nécessités de l'État furent ses ennemis. »

34. SULLY, *Mémoires...*, *op. cit.*, pp. 206-207 (lettre de La Varenne insérée dans les *Mémoires*).

35. Jean-Paul Desprat (*Les Bâtards...*, *op. cit.*, p. 85) s'appuie sur l'analyse que fait Jacques Bolle (*Pourquoi tuer Gabrielle...*, *op. cit.*, p. 114) de l'étrange comportement de La Varenne. Mais, contrairement à Desprat, Bolle ne croit pas à l'assassinat politique.

36. F. de BASSOMPIERRE, *Journal de ma vie*, *op. cit.*, p. 274.

37. SULLY, *Mémoires...*, *op. cit.*, pp. 206-207.

38. J. BOLLE, *Pourquoi tuer Gabrielle...*, *op. cit.*, p. 115.

39. A. d'AUBIGNÉ, *Histoire universelle*, *op. cit.*, t. IX, pp. 258-259 : il se souvient que, « le Roi m'ayant donné à garder les deux premiers tableaux qu'il eut de ces princesses [Marie de Médicis et Isabelle-Claire-Eugénie d'Espagne], il me permit de les montrer à la Duchesse et prendre garde à ce qu'elle dirait ; son propos fut : "Je n'ai aucune crainte de cette noire, mais l'autre me mène jusqu'à la peur" ». L'« autre » est Marie de Médicis.

REPÈRES CHRONOLOGIQUES

Les éléments concernant Gabrielle sont indiqués en italique.

	1553
14 décembre	Naissance à Pau d'Henri de Navarre.
	1560
Noël	Jeanne d'Albret, mère d'Henri, annonce sa conversion au protestantisme.
	1562
1er mars	Massacre de Wassy. Début des guerres civiles.
	1572
9 juin	Mort de Jeanne d'Albret.
18 août	Mariage d'Henri de Navarre et de Marguerite de Valois.
24 août	Massacre de la Saint-Barthélemy.
	1572-1576
	Henri de Navarre prisonnier à la Cour.
	1573
	Naissance à Cœuvres de Gabrielle d'Estrées.
	1576
4 février	Évasion d'Henri de Navarre.

1576-1598

Cinquième, sixième, septième et huitième guerres civiles.

1583

Françoise d'Estrées, mère de Gabrielle, quitte sa famille pour vivre à Issoire avec Yves d'Allègre, son amant.

1589

2 août — Assassinat d'Henri III. Henri de Navarre, son plus proche parent en ligne masculine, devient Henri IV, roi de France. Les ligueurs refusent de reconnaître un roi protestant, Henri IV doit se battre.

1590

14 mars — Victoire d'Henri IV sur les ligueurs à Ivry. Blocus de Paris.

Entrée en scène de Gabrielle.

Visite à Cœuvres d'Henri IV et de Roger de Bellegarde.

1591

Avril-août — Prise de Chartres et de Noyon par Henri IV.

Gabrielle devient la maîtresse d'Henri.

1592

Avril — Échec d'Henri IV devant Rouen.

8 juin — *Massacre à Issoire de la mère de Gabrielle et de son amant.*

Juin — *Mariage de Gabrielle avec Nicolas d'Amerval, sire de Liancourt.*

1593

Janvier-août — États de la Ligue à Paris.

4 février — *Première lettre connue d'Henri IV à Gabrielle.*

	Première rencontre à Mantes de Gabrielle et de Catherine de Bourbon.
	Don par Henri de 20 000 écus à Gabrielle.
21 mai	*Poème d'Henri à Gabrielle : « Charmante Gabrielle ».*
22 juillet	*Lettre amère d'Henri à Gabrielle, qui le trompe avec Bellegarde.*
25 juillet	En la basilique de Saint-Denis, Henri abjure le protestantisme.

1594

27 février	Sacre du roi à Chartres.
22 mars	Entrée du roi dans Paris.
7 juin	*Naissance à Coucy de César de Vendôme, fils aîné d'Henri IV et de Gabrielle.*
20 juin	*Mort de François-Louis d'Estrées, frère de Gabrielle, au siège de Laon.*
15 septembre	*Gabrielle fait avec Henri une entrée solennelle à Paris.*
	Installation de Gabrielle à l'hôtel du Bouchage.
24 décembre	*Annulation du mariage de Gabrielle avec Nicolas de Liancourt.*
27 décembre	Attentat de Châtel contre le roi en l'hôtel particulier de Gabrielle.

1595

17 janvier	Déclaration de guerre à l'Espagne.
3 février	*Le Parlement enregistre les lettres de légitimation de César de Vendôme.*
5 juin	Victoire de Fontaine-Française sur les Espagnols.
	Ralliement de Charles de Lorraine, duc de Mayenne, à Henri IV.

1596

31 janvier	*Mayenne est reçu à Montceaux par Gabrielle.*
Février	*Mariage de Diane d'Estrées, sœur de Gabrielle, avec Jean de Monluc, sire de Balagny.*

Mars	*Gabrielle acquiert la seigneurie de Montceaux et devient marquise de Montceaux.*
Novembre	Assemblée des notables à Rouen.
11 novembre	*Gabrielle accouche à Rouen de Catherine-Henriette.*
21 novembre	*Baptême à Rouen de la petite fille selon le rituel des enfants royaux.*

1597

Janvier	*Fiançailles à Rouen de Julienne-Hippolyte d'Estrées, sœur de Gabrielle, avec Georges de Brancas, sire de Villars, gouverneur du Havre.*
11 mars	Surprise d'Amiens par les Espagnols.
Juillet	*Enregistrement par le Parlement des lettres patentes du roi élevant le comté de Beaufort acheté par Gabrielle en duché-pairie ; Gabrielle rejoint le roi à Amiens.*
Septembre	*Dupré grave en médaille le profil de Gabrielle, avec au verso l'effigie du roi.*

1598

	Ralliement de la Bretagne, fin des guerres civiles.
	Voyage d'Henri IV et de Gabrielle en Bretagne.
13 avril	Édit de Nantes.
Avril	Contrat de mariage entre César et Françoise de Mercœur.
19 avril	Naissance à Nantes d'Alexandre, fils cadet d'Henri IV et de Gabrielle.
2 mai	Paix de Vervins avec l'Espagne.
Septembre	*Mort de Louise de Budos, épouse du connétable de Montmorency.*
Octobre	Maladie du roi à Montceaux.
13 décembre	*Baptême d'Alexandre. Gabrielle est assise en face du roi.*
Décembre	Disgrâce de Harlay de Sancy.

1599

Janvier	Sillery part pour Rome.
	Annulation à Rome du mariage d'Henri IV avec Marguerite de Valois.
Février	*Le roi donne à Gabrielle l'anneau du sacre.*
	Henri IV annonce qu'il épousera la favorite le dimanche de Quasimodo.
Avril	*Gabrielle quitte Fontainebleau pour passer la semaine sainte à Paris.*
Mardi 6 avril	*Souper chez Zamet*
Mercredi 7 avril	*Dans l'après-midi, offices des Ténèbres au Petit-Antoine et souper chez Zamet, suivi d'une crise d'« apoplexie » de Gabrielle.*
Jeudi 8 avril	*Messe en l'église Saint-Germain-l'Auxerrois, vers quatre heures. Premières contractions de Gabrielle.*
Vendredi 9 avril	*Symptômes de l'éclampsie (?), accouchement forcé de Gabrielle. À six heures, elle tombe dans le coma.*
Samedi 10 avril	*À cinq heures du matin, mort de Gabrielle.*
	Liaison du roi avec Henriette d'Entragues.

1600

	Guerre avec la Savoie.
5 octobre	Mariage du roi avec Marie de Médicis.

GÉNÉALOGIES

ASCENDANCE MATERNELLE DE GABRIELLE D'ESTRÉES

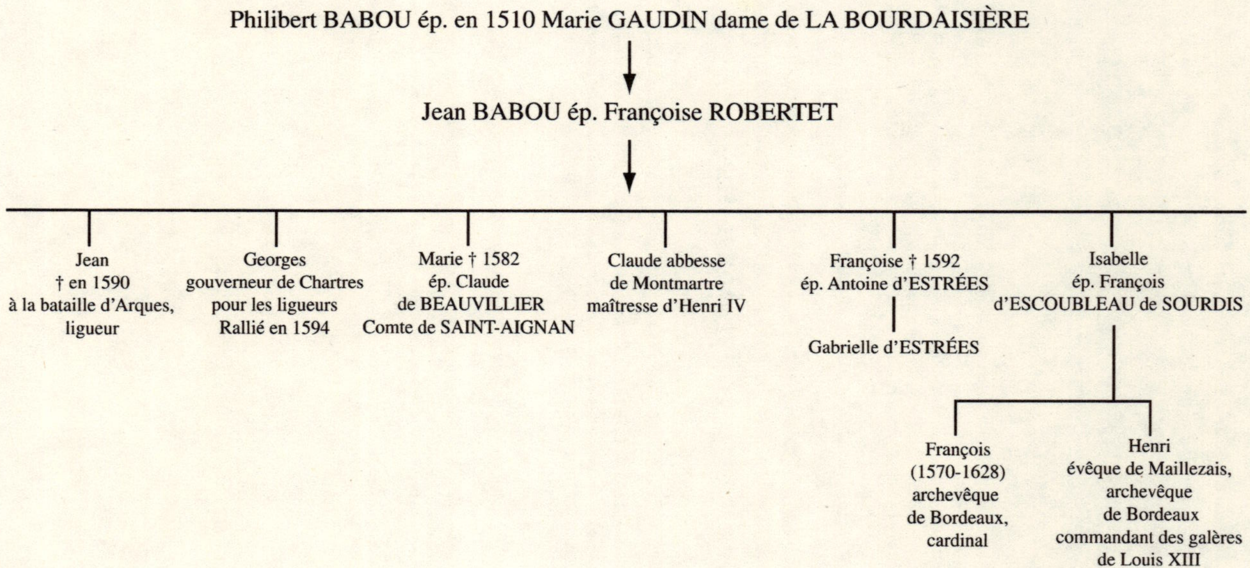

ASCENDANCE PATERNELLE DE GABRIELLE D'ESTRÉES

Jean d'ESTRÉES
(1486-1571)
Grand-maître de l'artillerie
ép. Catherine de BOURBON fille du bâtard BOURBON-VENDÔME

↓

Antoine d'ESTRÉES
† en 1609
ép. Françoise BABOU de LA BOURDAISIÈRE

↓

- François-Louis
  marquis de Cœuvres
  † en 1594
- François-Annibal
  1572 ? - 1670
  Évêque de Noyon
  puis gouverneur de La Fère,
  futur maréchal d'Estrées
- Marie-Catherine
- Diane
  ép. en 1596
  Jean de MONTLUC
  sire de BALAGNY
  maréchal de France
- Marguerite
  ép. en 1585
  Gabriel
  de BOURNEL
  baron de MOUCHY
- Gabrielle
  1573-1599
  favorite
  d'Henri IV
- Angélique
  1574-1634
  abbesse de
  Bertaucourt
  puis de Maubuisson
- Julienne-Hippolyte
  ép. en 1597
  Georges
  de BRANCAS
  duc de VILLARS
- Françoise
  fille d'Yves d'Allègre
  ép. Charles
  comte de TUPIGNY

BIBLIOGRAPHIE

I. Sources manuscrites

Bibliothèque nationale de France, département des manuscrits. Fonds français, 3356, 3374, 3379, 3640, 3832 : pièces concernant la famille d'Estrées, les droits seigneuriaux de la duchesse de Beaufort, les rares lettres de Gabrielle.

Archives nationales

KK 157 : inventaire après décès des biens, meubles, joyaux et titres de Gabrielle d'Estrées.

X ^{1A} 8641 : lettres patentes nommant Antoine d'Estrées lieutenant général en la ville de Paris et gouverneur de l'Île-de-France, 5 décembre 1594, f° 299.

Ibid. : lettres patentes portant légitimation de César Monsieur, fils du roi, et de Gabrielle d'Estrées, enregistrées le 3 février 1595, f° 341.

X ^{1A} 8642 : lettres patentes conférant à Gabrielle d'Estrées les droits de bail et garde-noble à la personne et aux biens de César, fils légitime du roi et d'elle, 28 janvier 1596, f° 241.

X ^{1A} 8642 : lettres patentes conférant à Antoine d'Estrées la charge de lieutenant général en la ville, prévôté et vicomté de Paris en remplacement d'O décédé, 18 juillet 1596, f° 330.

X ^{1A} 8643 : lettres patentes attribuant à Gabrielle d'Estrées, marquise de Montceaux, les droits de bail et garde-noble de Henriette, fille légitimée du roi et d'elle, 10 mai 1597, f° 82.

X ^{1A} 8643 : lettres patentes portant mandement pour l'enregistrement du contrat de donation entre vifs fait par le roi à César, son fils naturel, du duché et pairie de Vendôme et du pays de Vendômois, 15 avril 1598, enregistré après « remontrances », f° 179.

Ibid. : contrat de donation entre vifs fait par le roi à César, son fils naturel et légitimé, du duché et pairie de Vendômois, avril 1598, enregistré après « remontrances », f° 180.

Ibid. : lettres patentes portant légitimation d'Alexandre, second fils naturel du roi et de feu Gabrielle d'Estrées, avril 1599, f° 385.

X 1A 8644 : lettres patentes instituant un tuteur et un curateur pour l'administration des biens de César, Alexandre et Henriette, enfants naturels du roi et de la défunte Gabrielle d'Estrées, duchesse de Beaufort, 13 mai 1599, f° 26.

II. Sources imprimées

AUBIGNÉ (Agrippa d'), *Histoire universelle*, éd. par André THIERRY, Genève, Droz, coll. « Textes littéraires français », 1994-1995, t. VIII (1588-1593) et IX (1594-1602).

BASSOMPIERRE (François de), *Mémoires de Bassompierre*, in MICHAUD et POUJOULAT, *Nouvelle collection des mémoires pour servir à l'histoire de France*, 1re série, t. XVIII, Paris, Firmin-Didot, 1837.

BRANTÔME (Pierre de Bourdeilles, seigneur de), *Recueil des Dames, poésies et tombeaux*, éd. établie, présentée et annotée par Étienne VAUCHERET, Paris, Gallimard, « Bibliothèque de la Pléiade », 1991.

CHEVERNY (Philippe Hurault, comte de), *Mémoires*, éd. par M. PETITOT in *Collection complète des mémoires relatifs à l'histoire de France*, 1re série, t. XXXVI, Paris, Foucault, 1823.

DESJARDINS (Abel) et CANESTRANI (Giuseppe), éd., *Négociations diplomatiques de la France avec la Toscane*, Paris, Imprimerie nationale, 1875, t. V : Rapports du chanoine Bonciani, 1594-1599.

LESTOILE (Pierre de), *Journal de l'Estoile pour le règne de Henri IV, 1589-1610*, présenté et annoté par Louis-Raymond LEFÈVRE, Paris, Gallimard, 1948.

PALMA CAYET (Pierre-Victor), *Chronologie novenaire, contenant l'histoire de la guerre et les choses les plus mémorables advenues sous le règne de Henri IV*, in *Nouvelle collection des mémoires relatifs à l'histoire de France*, t. XII, Paris, Didier, 1854.

SULLY (Maximilien de Béthune, duc de), *Mémoires de Sully*, présent. et annot. par Louis-Raymond LEFÈVRE, Paris, Gallimard, 1942.

TALLEMANT DES RÉAUX (Gédéon), *Historiettes*, texte établi et annoté par Antoine ADAM, Paris, Gallimard, « Bibliothèque de la Pléiade », 1960-1970, 2 vol.

THOU (Jacques-Auguste de), *Histoire universelle, depuis 1543 jusqu'en 1607*, Londres [Paris], 1734, t. VIII, IX, X, XI, XII, XIII.

III. Ouvrages imprimés

BABELON (Jean-Pierre), *Demeures parisiennes sous Henri IV et Louis XIII*, 2e éd., Paris, Le Temps, 1977.

— *Henri IV*, Paris, Fayard, 1982.

— éd., HENRI IV, *Lettres d'amour et écrits politiques, avec quelques lettres reçues par le roi*, Paris, Fayard, 1988.

BARBICHE (Bernard) et DAINVILLE-BARBICHE (Ségolène), *Sully : l'homme et ses fidèles*, Paris, Fayard, 1997.

BOLLE (Jacques), *Pourquoi tuer Gabrielle d'Estrées ?*, Florence, G. Barbèra, 1955.

BUISSERET (David), *Henri IV*, Londres, Allen & Unwin, 1984.

CARRÉ (lieutenant-colonel Henri), *Gabrielle d'Estrées, presque reine, 1570-1599*, Paris, Hachette, 1935.

COSANDEY (Fanny), *La Reine de France : symbole et pouvoir, XVe-XVIIIe siècle*, Paris, Gallimard, coll. « Bibliothèque des histoires », 2000.

DUBY (Georges) et PERROT (Michelle), *Histoire des femmes en Occident*, t. III : *XVIe-XVIIIe siècle*, sous la dir. de Natalie ZEMON DAVIS et Arlette FARGE, Paris, Perrin, coll. « Tempus », 2002.

DESCLOZEAUX (Adrien), *Gabrielle d'Estrées, marquise de Montceaux, duchesse de Beaufort*, Paris, H. Champion, 1889.

— « Le mariage et le divorce de Gabrielle d'Estrées d'après des documents nouveaux », *Revue historique*, t. XXX et XXXIII, 1886 et 1887.

DECKER (Michel de), *Gabrielle d'Estrées, le grand amour d'Henri IV*, Paris, Pygmalion, 2003.

DESPRAT (Jean-Paul), *Les Bâtards d'Henri IV : l'épopée des Vendômes, 1594-1727*, Paris, Perrin, 1994.

ERLANGER (Philippe), *Gabrielle d'Estrées, femme fatale*, Paris, Perrin, 2000.

FLEISCHAUER (Wolfram), *La ligue pourpre*, roman, Paris, J. C. Lattès, 2002.

FRÉVILLE (Ernest de), « Notice historique sur l'inventaire des biens meubles de Gabrielle d'Estrées », *Bibliothèque de l'École des chartes,* 1841-1842, t. III.

HAGEN (Rose-Marie et Rainer), *Les Dessous des chefs-d'œuvre,* trad. de l'allemand par Michèle SCHREYER, Paris, Taschen, 2003, t. II.

LAMANDÉ (André), éd., *Lettres d'amour et de guerre du roi Henri IV*, Paris, H. Jonquières, 1928 ; rééd. Geaune, Utovie, 1987.

LANOUVELLE (lieutenant-colonel de), *Gabrielle d'Estrées et les Bourbon-Vendôme*, Paris, Calmann-Lévy, 1936.

LOISELEUR (Jules), *Questions historiques du XVIIe siècle. Ravaillac et ses complices. L'évasion d'une reine de France. La mort de Gabrielle d'Estrées. Mazarin et le duc de Guise*, Paris, Didier, 1873.

MURAT (Inès), *Gabrielle d'Estrées*, Paris, Fayard, 1992.

NOUAILLAC (Jean), *Henri IV raconté par lui-même : choix de lettres et harangues*, Paris, A. Picard, 1913.

RITTER (Raymond), *Charmante Gabrielle*, Paris, Albin Michel, 1947.

TUCOO-CHALA (Pierre), *Catherine de Bourbon, une calviniste exemplaire*, Biarritz, Atlantica, 1997.

VAISSIÈRE (Pierre de), *Henri IV*, Paris, Fayard, 1928.

VIBRAYE (Henri de), *Un homme d'État du XVIe siècle d'après ses mémoires : le chancelier de Cheverny, sa vie, son temps*, Paris, Hazan, 1932.

INDEX

A

B

C

D

E

F

G

H

I

J

L

M

N

O

P

R

S

T

U

V

Z

Dépôt légal : mars 2006
N° d'édition : 3101
ISBN : 2-84734-288-5
Imprimé en Italie – Printed in Italy